香港人應該思考的40個哲學問題

曾瑞明 著

商務印書館

香港人應該思考的 40 個哲學問題

作　　者：曾瑞明
責任編輯：曾卓然
封面設計：涂　慧
出　　版：商務印書館(香港)有限公司
　　　　　香港筲箕灣耀興道 3 號東滙廣場 8 樓
　　　　　http://www.commercialpress.com.hk
發　　行：香港聯合書刊物流有限公司
　　　　　香港新界大埔汀麗路 36 號中華商務印刷大廈 3 字樓
印　　刷：盈豐國際印刷有限公司
　　　　　香港柴灣康民街 2 號康民工業中心 14 樓
版　　次：2019 年 1 月第 1 版第 2 次印刷
　　　　　© 2018 商務印書館(香港)有限公司
　　　　　ISBN 978 962 07 5789 1
　　　　　Printed in Hong Kong

目錄

形上學

社會哲學

中國哲學

序

你手上這本《香港人應該思考的 40 個哲學問題》並非哲學概論,更不是哲學教科書。

市面上已有不少由泰勒斯講到羅爾斯(John Rawls)的哲學介紹,也有很多中外哲學大家為普羅讀者介紹哲學或者哲學問題。完備的哲學教科書亦不難找到。這世間大概不需要多一本重複而缺乏自己性格的書,還要是一本隨時嚇壞人的「哲學書」。

這種看法大概忽略了人跟哲學的關係。不同的人,會有不同的哲學關注、不同的哲學風格、不同的社羣和不同的關懷。哲學常在,人不同。人不同,哲學亦變。我們為何不可以多從寫哲學、讀哲學的個人出發去理解哲學、學習哲學呢?

也許,我們不只要讀哲學,還要讀人。哲學思考亦應該與它所屬的社羣連上關係。

我這個人在香港生活與長大,對香港有切身之愛。我所了解的香港人,也不像一般論述的那麼功利。香港人一直願意了解世界,拓展知識,也樂於

包容各種文化和論點。

我們學習各種理論和知識，也不能抽離學習者自身的環境、情感和歷史。如果哲學要本土化，或者要更與我們生活相關，便更應有「香港人的哲學問題」此一觀念。此情此地，一個在香港的讀書人、教師、哲學人，帶着大家多少共有共感的困惑、情緒與經驗。我這個習慣以哲學思維思考的人，亦在撰寫此書時重新學習。我們或許太慣於假定「哲學問題就是世間都要關注的問題」。我們或許都忘了，一般讀者需要一道橋樑，需要更多共同語言來讓彼此溝通。而且，冷冰冰的概念或者思考更需要帶一點溫度。大家共同面對，一起思考，而不是擺出高高在上的姿態。

本書的思辨者，是這樣的一個人：他樂行慣見借助古今先哲的資源，去幫助自己辨別謬說，深入難題，或更新角度，開拓更廣闊的世界觀。他一直樂此不疲，緩步而確實地成長，已經這樣好些年月。

他是一位通識老師，也在國際文憑試的知識論課堂向中學生談一點哲學，他覺得把多年來的思考寫成這些文章，也許會對學生有益，因為他相信教練不能只指導功夫，本身亦要有實戰能力。他是一個學者，但覺得研習理論和擁有知識的人，更應該主動去和大眾對話。他是一個愛書人，讀到震撼他思維的觀點，總想立即給更多人看。

他有時會對紛紛亂亂的大眾言說過分認真，總覺得背後的觀念並不是這麼簡單自明。他對平等和社羣兩個概念特別關注，但仍在努力豐富自己其他的哲學詞彙，讓觀念更有指涉力。他討厭把哲學理論當成時裝，總是在引述時小心翼翼，甚至要質疑它們，不會把它們當成偶像。

最重要的,他是一個香港人。如果他真有甚麼權威,這權威正正來自與此城市的憂樂與共。他既不把哲學貶低,也無意把哲學抬高。他只是以哲學為本位,力求對萬事萬物有更好的理解。於是,他就這樣將文章和大家分享。

這些文章,大部分為本書而寫,其餘曾刊於《明報月刊》、《01 哲學》和《立場哲學》,但亦經過大幅改寫。感謝曾經給予我發表園地的編輯,讓作者學習怎樣為公眾寫文章。最後,感謝商務印書館曾卓然博士的出色編輯,他的熱情和認真,推動我精益求精。哲學活動往往是孤獨的,但我亦念念不忘在各讀書組刺激我思維的朋友和那些美妙的時光。

曾瑞明

倫理學

香港人應要明白的40個哲學問題

1 論正義 正義比不正義好嗎？

你有把道德修養放在你追求之列嗎？道德在口裏，還是在心裏？

為甚麼要道德？十居其九都會回應道，「善有善報嘛」。但在電影《無間道》裏，黃秋生已說過了：「殺人放火金腰帶，修橋補路無屍骸」。當然，總有些人相信「不是不報，時辰未到。時辰來到，一切都報」。但往往只是一廂情願。

如果我要有好的人生，為甚麼在當中需要道德呢？道德對我有甚麼作用和價值呢？

其中一種回答是，不道德可能會違法，例如殺人放火。或者就算不犯法，比如說謊，也會被人唾罵。坐牢或者被人排斥，總不太好吧？不道德有不好的結果，所以我們才要有道德。

但如果殺人放火講大話不用坐監不會被人罵，那道德本身有沒有價值呢？

我們較容易看到不道德的後果，但道德本身有沒有價值卻很少探究。希臘哲人柏拉圖實在很聰明，他想到一個思想實驗，讓我們直視道德本身的價值。

柏拉圖的思想實驗

柏拉圖寫過一本膾炙人口的書——《理想國》，裏面並不是一些定理、公理或者邏輯符號，而是對話。這體裁有其社會背景，因為當時希臘的有閒階級經常就一些抽象議題對話、討論，辯論。不過，柏拉圖很有文學天份，能設想不同立場的人作對話。厲害的是，參與辯論的人真的是勢均力敵。對話錄不是借一個弱的假想敵來抬高自己，或掩飾自己論證的薄弱。

作為柏拉圖代言人的蘇格拉底，認為正義是快樂和成功人生所必需的。他的對手格勞康（Glaucon）就用了蓋吉氏的隱形戒指（The Ring of Gyges）的故事，討論正義跟我們人生幸福的關係。格勞康是柏拉圖的長兄，在其他對話錄中都有亮相。

首先要說明正義是甚麼。現代人常說社會不公義，但很少說人不公義。但在古代，正義是一個同時運用於社會跟個人的概念。一個人是否說真話和準時還債都屬正義的範圍。這些項目，現在大概會放在個人道德的觀念裏。現代的正義，更着眼於國家分配。

説回蓋吉氏的隱形戒指故事吧。在小亞細亞的呂底亞有一位牧羊人叫蓋吉氏，他有一隻可以讓他隱形的戒指，而蓋吉氏亦憑這隻戒指，做了皇帝，搶了人家的皇后。格勞康要説的，是如果有了這隻戒指，作任何不道德、不正義的行為，都不會被懲罰。殺人放火的，可以攞正牌有金腰帶。「要咩有咩」，不亦樂乎。

格勞康説完故事後，又區分了三種善或好，第一種是我們為了它自身而欲求的，例如快樂。第二種是既為了它自身，也為了它的後果，例如知識或者健康。第三種本身雖是一種負擔，但我們仍會追求它，是因為其帶來的後果。

那麼，正義屬於哪一種善？蘇格拉底認為是第二種，格勞康則認為是第三種。人們都會認為正義的追求是一種繁重的負擔，但為甚麼人們卻要扮演正義的朋友呢？是為了名譽，或者不想得惡名。若此，不是正義為我們帶來快樂人生，而是名譽。

格勞康説得精彩。他描劃了我們的心理，我們不是為了正義的好而努力，也不是認為不正義不好，而是害怕因不正義而受苦。這因不正義所受的苦凌駕了作不正義的快樂，所以我們「發明」法律禁止人們作不正義之事。

在格勞康的角度，正義其實只是一種商定或者約定俗成。所以，從個人的角度看，談不上正義本身有甚麼好，只是我們沒有蓋吉氏的戒指，我們太弱了——所以我們才不敢做不正義的事。在格勞康眼中，人的本性就是貪慾的、喜愛互相競爭的，我們的快樂其實建基於物質和權力。

柏拉圖怎樣還擊？

在《理想國》的第九部分中，柏拉圖比較了正義和不正義的人生之區別，他做的是比較最正義的人和最不正義的人的「靈魂」。你可以說這是一種心理學探討。

不正義的人有「獨裁者的靈魂」，常處於迷亂、後悔和恐懼的狀態。這當然是不健康的。在第四部分，柏拉圖指出正義讓靈魂每一個部分都處於和諧，免於衝突。我們每一個人就像城市，如果當中只有奴婢，充滿貧困和瘋狂，並讓這些作主宰，這城市會好嗎？柏拉圖推崇理性，理性應是管治我們的法則，因為理性不像慾望那樣令我們左衝右突，理性可以統整我們整個人，管理整個城市。

不過，正義為何與理性等同？這本身要證明。辯士斯拉斯馬科斯（Thrasymachus）就挑戰捍衛正義觀念的蘇格拉底，説道德或正義皆是為強勢團體的利益服務，無所謂理性不理性。

柏拉圖又透過蘇格拉底的口，指出我們的快樂有高下之分。只有經驗過各種快樂的人才有資格去判斷哪種快樂最好。哲學家就能經驗各種快樂，包括慾望的滿足、贏取榮譽和獲取知識。而哲學家會將獲取知識放在最高位置。所以，柏拉圖下結論說，獲取知識的快樂是最好的。後來，米彌捍衛較高層次的快樂（higher pleasure）也用了類似的方法，指出同時經驗過高層次和低層次快樂的人，都會選擇較高層次的快樂。

不過，如果一個不正義的人真心地說他很快樂，柏拉圖可以說甚麼呢？他只可以說你的快樂不是真正的快樂。但這的確是我這個不正義的人感受到的啊，「原來過得不快樂，只我一人未發覺？」不會吧，看來只是你一個哲學家發覺呢⋯⋯

為甚麼要聽哲學家的話，為甚麼哲學家說了算，本身就是可爭議的。雖然在柏拉圖的定義裏，哲學家是能看見真理的人，但現實是否有人能合乎這哲學家的定義？我們的「哲學家」其實也不過普通人，有七情六慾，有時會說愚蠢的話，做「離地」的決定。「正義的你」會因柏拉圖的解說而「暗爽」嗎？要小心了。

② 論教育 | 教育即洗腦？

香港不少人抗拒國民教育，主要理由是擔心被它「洗腦」。洗腦的意思，就是英文所說 "indoctrination"，即灌輸，務求學生接受某種思想。但我卻聽過不少教育工作者說：「教育跟洗腦沒有分別。」不過，有的會多加一句：「好過邪教嘅！」

這樣說，人人都在洗腦，你洗我，我洗你，問題是誰勝誰負而已。教育和洗腦真的沒有分別嗎？如果沒有分別的話，我們褒教育貶洗腦是否自欺欺人？

根據常識，教育和洗腦是有分別的。教育人員專業操守議會制訂的《香港教育專業守則》，就列明兩項：

> 與學生討論問題時，應盡量保持客觀。
> 應鼓勵學生獨立思考，作出理性的判斷。

說沒有分別的，當然是認為問題出在何謂「客觀」、「獨立思考」和「理性」等哲學概念了。我們的確很難找到一個清晰完備的標準。

比如，甚麼是客觀？是指意向，還是態度？一個老師可以因為其知識不足、或者識見不夠，而作出「自以為客觀，實際上主觀」的判斷並且影響學生。不過，他們可能確實符合了「盡量」的要求，但結果卻未必叫人滿意。

重點在反思能力

於是，有一些盡責的老師，就將各家各派的看法都陳列出來，那就似乎更客觀了。但是我們都知道，有一些意見的「份量」明顯比其他的輕，比如一個博客對全球暖化的意見，跟政府間氣候變化專門委員會（IPCC）真的可等而論之嗎？

不過，我們從以上都看不出「怎樣都是洗腦」的支持。起碼意向、態度會是很重要的標準。如果老師教歷史時刻意抹去一些歷史事件，跟不知道曾經發生過的歷史而忽略了，仍是有分別的。前者是操弄，後者是不夠水平。

那麼，怎樣才算夠水平？每個老師都有特定的學科訓練，在某些範疇較強，有些較弱，甚至一無所知。雖說我專研倫理學和政治哲學，但每天都可發現在這範疇內有自己不懂的東西，那我怎能夠「客觀」呢？每個老師都有自己的宇宙觀、世界觀、人生觀，他是否無可避免地會對某些說法較支持或同情呢？在法蘭克福學派眼中，身處資本主義社會的人更有「虛假意識」，比如認為「發展是硬道理」、「競爭是好的」。如果我們把這種思想「灌輸」給學生，豈不也是洗腦？

教師當然要引以為戒，但是亦不要低估教師自身的反思能力。反思是指我們能跳出自身的觀點和信念去看問題，能站在其他信念來審視自己的信念。故此，我們若懂在不同角度看問題，當然少了洗腦的疑慮──要「不洗腦」，首先自己不要被洗腦。

還有，課堂如何進行也是我們要考慮的因素：是否容許學生提出不同的意見？學生跟老師如有不同意見，老師是否願意聆聽，甚至修正自身看法？這不但有程度上的分別，甚至有質的不同。

那麼，我們怎樣理解獨立思考和理性判斷呢？

如果我拿着一把手槍要你思考應否興建機場「三跑」，無論答案是甚麼，你的思考都不能算是獨立的，因為你受到那把手槍影響。當然，影響你思考的可以是其他東西，比如你的情人在你附近、朋輩影響，但這些東西都與你思考的內容無關。你要做判斷，就要運用理性，了解和把握該問題的相關事實。

甚麼是理性判斷？如果我編了一齣煽情戲來讓你相信「男人比女人優勝」，那麼大部分人都會說你的判斷不理性。但是，我們也不要輕易陷進理性與感性的對立：不是因為煽情戲牽涉感情或感性，所以你的判斷就不理性；問題在於你要支持「男人比女人優勝」的信念，你需要提供理由，比如男性在智能上、體能上和其他各方面是否都優於女性，這些標準又是否真的有重要性等。完全不考慮這些，就作出一個重大的聲稱（big claim），或只依賴一齣戲引起的情緒反應，那就是不理性的判斷。理性判斷並不需否定人的情感對某議題或事情的反應，但要小心翼翼，既不能以理殺人，也不以情馭理。

還有一個對理性判斷的誤解是，理性判斷不包括行動，甚至不鼓勵行動。學校總是教學生理性分析，但不要「輕舉妄動」。原因當然是社會似乎已有清晰「分工」，比如提升生活素質，政府可以制訂標準工時、制訂貧窮線。表達訴求，監察政府，則是成年市民可以做的事。學術機構發表報告，當然是學術機構的事。大家各司其職，看來井井有條。但是，如果學生問作為青少年可以做甚麼，老師該怎樣回答呢？

要指出，我們要培養青少年在追求生活素質上採取行動，就不能不點出青少年本身是參與者的身份，而不僅作為旁觀者，看人家如何如何。學生如只抱着「食花生」的心態，相信誰也不會認為這種教育成功。

只重分析，不重實踐，不是完整的教育，特別是價值教育。然而，當學生用他們的方式實踐所學時，社會有些人士卻並不理解，也不同情。僅僅因為那是與規範不符的手段，就忘記了教育更深層的意義，還冠之以要理性思考──那是很可惜的。價值教育就是倫理學的實踐。

③ 論快樂 | 不開心，就不能活着？

2017 年中學文憑試的通識卷一中，有題目將新加坡和香港的開心程度相提並論：獅城以平均 7.56 分，力壓香港的 6.89 分。這種比較其實意義不大。開心不開心，有如飲水，冷暖自知。我的開心是否等於他人的開心？開心與否，其實相當主觀。

何況人會不開心，也許就是發現別人「好像」比自己開心。開心的死穴，就是比較。人愈在社交網絡流連，愈易感到落寞，大概是因為人們總是將自己生活的姿彩展現人前，「放閃、食好西」，與朋友吃好住好，周遊列國，而可憐兮兮的我，卻在電腦前 click 來 click 去，欣賞別人的快樂生活，何其「毒」也。

該考題又要求考生「解釋哪兩個香港生活素質的向度應優先獲得改善，以提升香港的開心程度。」不用資料提醒，我們都知道香港的「政經社文環」各方面都大有改善空間，幾乎所有層面都可以令我們不開心。不過，改善了這些層面，我們是否就會開心？

社會是不是真有問題，當然要通過具體的、經驗層面的社會科學研究才找到答案，而非「吹水」了事。但我們可以先處理哲學的問題：開心全是客觀的事，而非在主觀的心嗎？

我不是説社會甚麼也不用改善，人人自顧自尋開心就成。我想指出，看待開心與否的問題不能不從主觀角度看。因為我們在客觀上説「你應該很高興」，但主體仍可十分不開心。

主觀角度不能替代

身體、世界都可以再造，但我們主觀的角度（或是某些人口中的「靈魂」吧）並不能替代。任你如何摧折、引誘，給我甚麼美好經驗，就算是快樂的美妙體驗，我都不會出賣靈魂、哲學家諾齊克（Robert Nozick）設想的經驗機器或是電影《廿二世紀殺人網絡》（*The Matrix*）都提出同樣的誘惑——但你不會軟弱。因為你知道，開心不是「我」存在的依據，而是「我」才能使開心變得有意義。就算痛苦，被煎皮拆骨，你都要尋回自己。

人生也不是可以用開心不開心來概括。如電影《一念無明》中的各人，有些欠缺開心的條件，卻用宗教的力量去支撐自己，説服自己其實很開心；有些其實可以開心，至少可以舒心，但卻偏要執着自己是否嫁得好；有些可以逃避所有不開心，卻要選擇承擔一切責任。躁鬱症病人注定被情緒牽扯？他總能夠離開那張狹小的牀，不再哭，走到天台去看風景。

一念無明，提醒我們「心迷法華轉，心悟轉法華」。也即是「人能弘道，非道弘人」。開心是為了我們，而非我們為了開心。我們在這個 mad world，仍要時時刻刻守住我們作為主體的種種可能。

不開心是不是就等於活不下去？不一定。很多人不開心，但因人生有意義，仍繼續活下去。再退一步，人生沒意義仍能活下去。西緒弗斯是希臘

神話中的人物，他不斷推石上山，但石總會從山上滾下來，他要無休止地
這樣重複。只是，他仍活着；是的，他不開心，人生也沒意義，但他戰勝
了自己的命運。

另一方面，「我很快樂，但人生沒有意義。」這句説話是否可以理解？一
些人會説，沒有意義的人生也不可算是真正美好的人生。這樣説，當然
同時否定了快樂是美好的人生唯一重要的元素。赫胥黎（Aldous Huxley）
在其反烏托邦小説《美麗新世界》中就描劃了一個為了穩定、只給大眾快
樂的「好」社會。這種社會，不會讓人們問人生的意義。在《美麗新世界》
裏的快樂是那種被操控的刺激之下得到的。這種快樂價值不會高，也不
能構成有意義的人生——那麼，有意義的人生還要甚麼？

> 「但我不要舒適。
> 我要上帝，我要詩歌，我要真正的危險，我要自由，我要善，
> 我要罪惡。」
> 「事實上，你是要不快樂的權利。」穆斯塔法・蒙德説。
> 「那好，我就是要不快樂的權利。」野人堅定地説。
>
> 《美麗新世界》

人生的意義，就是那我們願意為之生、為之死的東西——不快樂也是候選人之一。我不快樂，我哀傷，我多愁善感，但總好過做一隻滿足的豬。

不用多說，我們在某程度上正活在這個「美麗新世界」：打機取代了閱讀，主題公園取代了郊外探險。

美好的人生，似乎也一定是有意義的人生。反之，有意義的人生是否一定是美好的人生？

德蘭修女的一生應該很有意義吧？她得上帝感召，幫助窮人，還被封為聖人。

但她的人生是不是美好的人生呢？我們看與她有關的三個事實：

> 8 歲時父親去世，過窮日子。
> 18 歲時離家到愛爾蘭做修女，直到 87 歲死去都沒有再見她的家人。
> 在貧民區中，她曾以行乞維生。

《論語》中〈雍也篇〉記孔子這樣讚賞顏回：「賢哉！回也。一簞食，一瓢飲，在陋巷，人不堪其憂，回也不改其樂。賢哉！回也。」物質生活跟人生意義無關，只要有人生意義，就算物質匱乏都可以活得很好。

家人是否美好人生所必需？看來，人需要社羣生活，但家庭生活只算是其中一種。最重要的問題反而是德蘭修女是否有自己的生活？無可置疑，德蘭修女過的是道德生活？但可以問，道德生活是否就是有意義的生活？過道德生活是否就是美好的人生？未必。

希特拉的一生很難說得上是好的人生吧？他想做畫家做不成，殺人無數，
兵敗自殺。但他的人生有沒有意義？希特拉在 1914 年當兵，在法國和比
利時打仗，表現還被嘉許。到他手握大權，更可以一展抱負，實現他清晰
但恐怖的目標──滅絕猶太人。但這樣說是否很「怪」？人生的意義是否
就要合乎道德？殺人狂魔有清晰的連環殺人計劃，我們很難說他的人生
沒有意義吧⋯⋯

弗蘭克（Viktor Frankl）是精神官能學及精神分析學教授，開創了「意義治
療法」（logotherapy）。納粹當政期間，他曾被囚於集中營，面對各種存在
的痛苦。但他在《活出意義來──從集中營說到存在主義》（*Man's Search for
meaning*）一書中告訴我們，即使身處極差劣的環境，人仍能找到生存的潛
在意義。他就常問自己的病人：「你們為何不自殺？」他們就向弗蘭克訴
說生存的意義：照料子女、發揮才華、因為那個女子⋯⋯

如果接受人生的意義，與快樂、善和道德等是不同的東西，而且也不一定
重疊，那麼我們人生可以追求的東西或者就豐富得多了。我們或許就更
能活下去。

4 論生物權 發展郊野公園，要問樹嗎？

大家都知道房屋協會曾接獲政府邀請，研究大欖和馬鞍山郊野公園邊陲兩幅土地，探討生態、景觀、美觀價值、康樂與發展潛力和實際限制等方面。行政長官於 2017 年《施政報告》中也提出，應思考利用郊野公園內少量生態價值不高、公眾享用價值較低、位於邊陲地帶的土地作公營房屋、非牟利老人院等非地產用途。

即使不發展，郊野的樹木也不是安安樂樂。「風水樹」羅漢松因為有市場價值，就常被非法破伐；頻繁山火亦威脅各種植物。不過，目前香港亦有多條法例保護政府土地上的樹木，包括《林區及郊區條例》、《郊野公園條例》及《公眾衛生及市政條例》等。這些條例可保護公眾地方及郊野公園的樹木免受破壞或砍伐。

暫且不討論我們對郊野樹木的保護是否足夠，就讓我們去問一個更根本的問題：為甚麼我們要保護樹木？

理由當然有很多。最主要的考慮是功利的、人類中心的：如郊野公園的樹木對我們人類有利，它構成一個讓普羅市民遠足、漫步、健身、燒烤、家庭旅行和露營等活動的地方；它甚至能提升我們香港人的形象，成為

國際有名的「宜居城市」。第二個理由則是保護生物多樣性；第三個理由就是郊野公園的樹木有權利。

我猜想讀者都會覺得第一點最為我們接受吧，第二點很抽象，第三點則有點荒謬。

第一點背後的思維是，郊野公園的價值建基於我們想達到的目的（休閒需要和國際形象）。如果我們不想實現這些目的，那郊野公園本身沒有價值，所以它只有工具價值。那麼樹木本身有沒有價值呢？如果說只有人本身才有內在價值，其他事物有價值不過是因為它們能符合人的一些目的，這就稱為人類中心主義（anthropocentrism）。從這個角度看，是否保護郊野公園就化約成一個成本與效益的問題了。興建機場第三跑道會危害中華白海豚？對！但對人的效益大過成本嘛。

第二點談生物多樣性。香港擁有多樣生物物種，包括 3,000 種開花植物（120 種蘭花和逾 300 種本地樹木）、逾 2,000 種飛蛾、110 種蜻蜓、230種蝴蝶，及逾 500 種雀鳥（相當於全中國三分之一的雀鳥物種）。多樣性為何有意義？這是因為它們構成一個自足系統。這個有組織的系統好像

一個整體，就像人身體各部分不是分裂的，而是互相補足的，這個整體就有自足的價值。是不是有遊客來看，有沒有實質經濟價值，與此不相干。美國生態學家利奧波德（Aldo Leopold）在 1940 年一篇名為〈土地倫理〉的文章中説：「保存生物社羣的完整、穩定和美麗，是對的。相反的話，就是錯。」生物社羣當然不只有人，還包括非人類的生物和植物。不能忽略的，其實還有土地和水，雖然它們不是生命，但卻育養生命。很明顯，這種想法徹底將人由倫理學的中心，變成只是社羣其中的一個成員而已。

樹有地位

這當然不易為人接受。主要理由是我們認為只有人才能講道德，人才能捍衛自己的利益，所以也才是道德的考慮範圍。南加州大學的法律學教授斯通（Christopher Stone）在〈樹該有地位嗎？〉一文，卻指出自然生物都有法律權利。看似荒謬，但斯通的討論卻有實質的影響力，因為法官判詞也引述了這個觀點。

迪士尼公司欲於美洲杉國家公園的國王峽谷發展，大興土木，建公路、電纜和滑雪場，吸引遊客遊覽。美國最大的環境保護組織塞拉俱樂部（Sierra Club）在 1972 年作為原告，要求最高法院禁止該項目，以保護自然景觀和生態。但是，法院認為塞拉俱樂部成員的利益並沒有受損，因此沒有作原告的資格。不過，其中一位反對判決的法官道格拉斯（William O. Douglas）就引用了上述教授的説法：「當今公眾對於保護自然生態平衡的關注，必須引進授予環境中各種物件有保存自己的地位。」

我們細心一想，動物、植物雖然不能說話，但它們難道沒有其利益嗎？
人、動物都可以感受痛楚，植物也有自己的發展。我們都有辦法「知道」
它們的利益是甚麼。一旦承認了這點，我們就可考慮「監護人」的觀念：
人類可以作為這些不能說話、不能表達的生物的監護人，捍衛它們的權
利。這點其實不難理解，因為父母就常作為監護人，捍衛未成年子女的權
益，即使其子女未必意會到自己的利益，或者未能好好表達出來。

著名倫理學家彼德・辛格（Peter Singer）指出，我們的倫理學發展擴闊
了道德的圈子。事實上，在過去，連自己的孩子、小朋友、女性、奴隸和
黑人都不會被視為有權利的人，但今天都變了。這個道德圈的確愈來愈
大，動物權利還在爭取中，愈來愈多人談樹木的權利因此也不足為奇。

假設你是某飲品公司的高層，你每天上班都十分開心，因為公司產品的銷量總是上升的。你甚麼都不用做，就會得到人家的讚譽，說你經營有道，是商業奇才。直到有一天，你發現公司飲品深受歡迎，原來是因為加入了一種會令人上癮、卻會致癌的物質。你知道，只有將這秘密公諸於世，才不會讓更多人受害……

以上的案例，與「揭密」（whistleblowing）這一概念有關。到底甚麼才算是「揭密」，在甚麼時候「揭密」才是道德上容許，甚至在道德上是應該的？如前美國中央情報局僱員愛德華·斯諾登（Edward Snowden）之類的揭密者，到底是英雄，還是叛徒？

標準理論與共謀理論

學者戴維斯（Michael Davis）在〈揭密〉一文中指出，標準理論認為只有當符合以下的條件，「揭密」在道德上才是容許的：

一、揭密者所屬機構對公眾作了相當嚴重的傷害。

二、揭密者能夠識別傷害，並已匯報上級，但上級看來不會做任何有效阻止傷害的事。

三、揭密者盡力訴諸所有內部程序解決問題，但仍無法阻止事情發生。

如果揭密者有理由相信他發現的威脅存在，而揭密又可以避免傷害的話，那揭密更是道德上應該的。

其中一個難題是：甚麼是傷害？「蒙在鼓裏」是不是一種傷害？確保大眾的「知情權」是不是好的理由？看來不是，因為很多時候我們都透過矇騙來避免他人受到傷害，比如對一個長得不好看的朋友，說他樣貌 ok，以讓他感情不受傷害。又如果知情權這一般性理由可以作為辯解的話，那麼保密制也沒有任何意思。

「揭密」的共謀理論（Complicity Theory）或能讓我們明白只談「傷害」的不足。根據這個理論，我們要關心的，不只是有沒有傷害，還包括道德上的問題，例如不公義、欺騙。作為一個自願參與某團體的成員，如果你發現

所屬團體即使合法，但正在做一些道德上嚴重錯誤的事情，你就有可能要透過「揭密」去讓自己不成為共謀或共犯。因為如果你不向公眾揭露，你其實也正在參與這件道德上的錯事。揭密，不但是道德上容許的，甚至是必須的。

但是，我們別忘記你本身是團體的一員，人人都揭密，那團體如何維繫呢？可以想像，如果上文那間飲品公司的高層揭密，整個機構恐怕會煙消雲散。

忠誠？叛徒？

揭發美國政府監控民眾電話及上網紀錄的斯諾登，究竟是不是中情局的叛徒？一些評論人就說斯諾登既是愛國者，但也是叛徒。道理其實也不太複雜，一個人可以屬於某一組織，但也屬於更大的社羣。我們「出賣」一個組織，其實是為了公眾利益，而非個人私利。斯諾登就是想暴露中情局收集的資訊違反了美國憲法第四修正案。第四修正案訂明人人具有保障人身、住所、文件及財物的安全，不受無理搜索和拘捕的權利。你可以說，斯諾登就是忠於美國的憲法才背叛組織。

忠誠，在現代社會也是一種沒有絕對凌駕性的德性。我們重視對伴侶、家庭和朋友的忠誠，但也不是全無條件的。首先，我們也不能為了忠誠而縱容甚至協助他們傷害別人或做不法的事。第二，我們也不能因為忠誠而扭曲對現實的理解。例如，我們不能因為對太太忠誠就把她視為全世界唯一聰明的人。對於國家的忠誠，也不應違背理性。比如自己國家的文化很有價值，也不能就此把它推崇為具有最高價值、天下無敵。我們

如果因「忠誠」而導出這些錯誤信念，卻又「樂在其中」，法國哲學家沙特會稱之為「自欺」。

現代的機構更難講忠誠。這是因為現代機構普遍都僅視其成員為工具，加上雙方往往都只是合約關係，這叫成員如何能大講忠誠呢？偏偏，忠誠這道德語言卻常見於這些機構，原因當然是社會對個人的操控。個人良心要和忠誠對決時，揭密者往往要變成異類，甚致跟同屬機構內的同事對敵，代價不可說不大。而這可令違背組織的「異端」大幅減少。

憑良心做事不一定正確，但卻是對自己真誠。現代社會有形形色色的法則和指引，指導我們做「正確」的事，卻未必能說服自己的內心，更多人只是從眾。「揭密」的討論，可說是觸及我們作為「個人」，如何看組織、看約定、看甚麼是善。如果簡單地說「揭密者」就是大話精、是叛徒，或把揭密等同道德淪亡，那不像是作道德思考或判斷，更像是自欺欺人。

論跨代正義｜下一代關我咩事？

基斯杜化‧路蘭的《星際啟示錄》(*Interstellar*) 看似大格局、大思考，其實仍是美國文化霸權，換湯不換藥。一個白人父親，為了拯救全人類，忍痛離開可愛的女兒。身上掛着的美國國徽，告訴我們即使在那沙塵滿天的世界，美國仍是世界秩序的操控者。可是為甚麼世界會變成那樣？是不是因為這個「世界警察」窮奢極侈的生活方式、掠奪式的金融業所造成？可惜，電影沒有這種反思，反而把農業作為無夢想、沉悶和平庸的象徵。男主角 Cooper 的確有志難伸，但是，這不恰恰是我們現在這個世界的單一結構每天都出現的現象嗎？男主角能奢侈地拿着啤酒、看棒球比賽，相信已是比電影中「看不見」的第三世界的人過得好多了。

可是，我們很容易投入男主角的視角來看世界。沒辦法，我也幾乎就被主人翁和女兒的生離死別、時空分隔而導致落淚。這大概是人之常情，父母愛子女的心有普遍性。可惜，《星際啟示錄》的啟示仍是美國保守派的家庭價值，安排家中書房的書架藏有拯救人類的「秘密」，而愛則是救人類的關鍵——這些「啟示」很令人感到舒服，但卻沒有啟發我們對人類的未來有更深一層的了解。要回答我們往哪裏去的問題，必先要處理好我們從何處來的問題，我們為甚麼要「離開地球」呢？

全球正義的問題，在華爾街狼人、大美國主義電影中都視而不見。甚至電影中作為問題根源的全球氣候問題，最終亦以尋找地球以外的棲身地而被消解了。這只是另一種「適應」，而非想着去緩和、去承擔，更遑論找出問題的根源。

對未來的人的責任

不過，電影卻觸及一個很難處理、卻與現在全球氣候變化高度相關的課題。電影中最重要的一句對白：「一旦你是父母，你就是孩子將來的鬼。」構成了整齣電影的思想主線，也是電影中最可觀、最值得思考的地方。在太空中的蟲洞，似乎有意識為現在的人開啟。家中的書架的「異象」，原來是主角在時空之間奮力留下的信號，告知年少、年輕、中年的女兒：過去、現在和未來可以緊密聯繫，時空可以交錯。這樣的話，人的生活空間大了很多，我們的道德責任也可能從此改寫。

我們稱這為「跨代的正義問題」（intergenerational justice）。正義的要求，除了於同代人起作用外，過去的、將來的人，是否也在我們考慮之列？同

代的意思，是指同一輩（cohort）出生的人，不是指同年齡層（age）的人。我可以和 1804 年的拿破崙同是 35 歲的年齡層，但就不是同代人。

說回全球氣候變化，我們今天的所作所為，比如「維持生活素質」的奢侈生活方式，即使未釀成即時損害，但長遠來說，也令下一代不再可能過我們今天的生活方式，甚至有可能令他們連基本生活都不能維持。舉例說，碳排放的影響有滯後性，二氧化碳會存在於大氣裏，因此我們排出的二氧化碳，不一定影響我們同代人，反而會影響將來的人。

我們今天也是受上一代人的碳排放影響！美國政治哲學家羅爾斯在《正義論》（*A Theory of Justice*）一書也有觸及這個問題，他的「正義儲蓄原則」就指出我們要預留至少足夠維持正義制度的資源給下一代。

《星際啟示錄》中所謂的計劃 A 和計劃 B 其實正好反映這種思想。主角是因為計劃 A 拯救「現在的人」才願意離開子女，展開孤獨的太空旅程，當他和女兒知道受騙時都感到震怒，覺得被出賣，因為他們都不接受救回「未來的人」才是整個計劃的目的。

過去的人或將來的人對我們有甚麼責任？如果時間旅行是可能的，問題就更複雜了。宋代的人對我們有甚麼責任？將來的人對今天的人有甚麼責任？今天的人的行動，其實會影響將來的人的存在；過去的人的行動，也能決定我們是否存在。這就帶出一個十分棘手的問題──身份不相同的指控。假設在情況一，我們今天不作太空探險，但地球最後毀滅了。在情況二，我們作太空探險，在一個極貧瘠、但可維持人類生命的地方延續人

類，但那些人類卻活在痛苦中。情況二是否一定比情況一好？如果有生命一定比沒有生命好，存在不一定比不存在好的話，這也許還說得過去。

如果我們現在救災，只能令到人們處於僅僅生存的飢餓狀態，是否一定比令人們處於充足的情況差？抱持「身份不相同的指控」的人會指出，兩者根本無從比較！因為，這兩個情況中的人根本是兩批不同的人！事態上或許有所改變，但對於為那些將來的人要負甚麼責任根本無從說起，因為不同的責任和政策會造成不同的「人」的出現。說「更好」，都要用同一輩人來作比較呀。當時空穿梭真的可能，誰是「我」都難說呢！

即將作為過去的人，你孩子將來的鬼的我們，又怎樣看此刻的責任？

曾經有一個使人動容的個案：年邁的老人獨力照顧多年前中風的 76 歲妻子，自己亦飽受痛症困擾，疑在壓力下殺死妻子。老人的兄長慨嘆：「香港冇安樂死，有嘅話就唔會有咁樣嘅嘢！」

前食物及衛生局局長高永文曾在立法會引用《香港註冊醫生專業守則》的第 34 段，對末期病人的護理訂定指引。當病人情況危殆時，醫生的責任是小心照顧病人，盡可能令病人在少受痛苦的情況下有尊嚴地去世。醫生要尊重病人對控制其症狀措施的自主權，包括身體、情緒、社交及精神等各方面的問題。《專業守則》第 34.2 段列明，安樂死的定義是「直接並有意地使一個人死去，作為提供的醫療護理的一部分」。但高永文認為《專業守則》明確指出，安樂死是違法及不道德的做法。

為何安樂死不道德？

為何安樂死不道德，《專業守則》並沒有解釋，高永文先生也沒有解釋。不過，我們不難找到坊間反對安樂死的幾個理由。

首先，現代的紓緩治療可控制大部分病人的痛苦。病人要求的往往並不

是安樂死，而是紓緩症狀。不過，這並沒有證明安樂死不道德，它只提醒我們安樂死要謹慎地執行，我們要幫助病人弄清楚究竟他是怕痛，還是真的想死。

第二，社會主流只接受在戰爭的情況下殺人，若容許安樂死，恐怕是容許醫生殺人，會負面地影響社會對生命價值的看法。不過，這樣說有簡單化之嫌，安樂死並不是普通的殺人，更不是謀殺。安樂死往往要有病人、醫生和家屬的同意，程序有嚴格限制。把安樂死說成是醫生殺人，只是訴諸情緒。

第三，一些長期病患者及弱勢社羣，可能會感到有安樂死的無形壓力。即使安樂死是自願的，他們也會受社會着重個人「功用」的文化影響，表面自願實質不情不願。但是，這是社會學問題，很視乎社會如何理解和對待長期病患者和弱勢社羣，而不是安樂死是否道德的問題，更不是決定安樂死對或錯的理由。

第四，如果容許安樂死，可能會減少對長期病患者及末期病人的資源分配。但這屬於社會資源分配問題，不是安樂死的道德問題。而且，這個

「可能」有多大可能性要經驗考察，而不能「靠估」。

最後，是著名的「滑波」論證。一旦容許自願主動安樂死合法化，可能會導致社會連非自願安樂死也接受——這種一旦接受 A，就會出現 B，然後 C（C 是不可欲的，所以不可接受 A）的因果式滑波就會出現。

這也是要經驗考察證明 A 有多大機會導致 B 和 C。否則，我們只是想當然而已。我就聽過一個講者勸青年人拍拖不要拖手，因為拖手會導致擁抱、然後接吻、然後愛撫、然後……我們要更多證據才能判斷「滑波」是否夠「滑」。

不過有讀者或會指出，如果我們用後果論角度看，用行動或政策的後果來判斷道德對錯，最後三個考慮也是相關的。但這種討論方式卻不能觸及安樂死的性質，只能談論安樂死帶來的結果。我不是說結果不重要，而是我們不宜將政策後果跟道德對錯混為一談。

道德上是否容許自殺？

可想而知，問題在於我們並沒有好好地理解為何安樂死是道德問題。篇幅所限，我們只討論自願安樂死，並假定所有非自願安樂死都是不道德的。那麼，第一個問題就是我們道德上是否容許自殺。我們有一個權利，往往意味我們有不運用該權利的可能。比如言論自由，我可以說，我也可以不說。我們有生存權，但我們有沒有死亡權？留意，這種權利不是絕對的。安樂死的支持者也不是說任何時候都要讓人行使死亡權，他們只同意，一些長期病患者，在承受極大痛苦的情況下，而且也沒有復原希望，

可經醫生審批種種程序下的「自殺」。這些長期病患者並不是玩玩而已，而是因為長期困在病牀讓他們喪失了人的尊嚴。尊嚴比生命可貴，白活比不上好死。這可能是一個錯誤的判斷，但很難説是不道德的。

生前全身癱瘓的斌仔（鄧紹斌）曾這樣説：

> 每日活在孤獨、寂寞、無奈、痛苦當中。每天 24 小時我都是臥在病牀上，所有飲食、大小便、清潔、轉身、睡覺，全都是假手於人，做每一件事都需要別人的幫忙，我可説是不折不扣的廢人一個。全身癱瘓的我，無論在經濟或精神上都是家人的負累，70 多歲體弱多病的爸爸，帶着他肥胖的身軀長途跋涉來探望及照顧我，近來他的身體健康日漸衰退，我真的不忍再看見年紀老邁的他為我奔波勞累。而且我賴以維持生命的呼吸器需要每年過萬元的保養費，這成為家人沉重的負擔。這樣負累家人的日子已經 12 年了，我的心從我出事後甦醒的一刻就一直往下沉，既然現實如此，我又為何要自己繼續痛苦地苟存？又為何要帶給家人不必要的負擔？

雖然他説這是自私的話，但讀者也不能輕易否認箇中的痛苦。如果一個

社會政策會帶來巨大痛楚，實在不能不檢討，而非只說那是不道德。

第二個問題是殺人是否在任何時候都不被容許。我猜想很多人說安樂死不道德是指醫護人員執行安樂死是不道德的。要求安樂死的病人往往連「自殺」的能力都沒有，要實現安樂死往往要醫護人員協助，而他們對病人的情況也應有較專業的判斷和理解。

軍人在戰爭狀態可以殺人，我們在自衛的情況下，殺人有時也被容許。可見，殺人在道德上不是絕對不容許。那麼，為何醫護人員在任何情況下都不可以「殺人」？有一些漫畫式的說法是，病人進了醫院，是想被醫生治療，但最後卻被醫生殺掉，所以後沒有人敢進醫院了。這其實是不着邊際的，因為我們討論的是自願的安樂死，不是非自願的「謀殺」。

醫護人員的信念，或者是，生命是神聖的，有內在價值的，這不需要特定的宗教理由。但抱持這種信念是否等於也要接受「死亡本身就是壞的」？當我們不想死的時候，死亡當然是壞的，但有時候活着真的太痛苦，失去了生的價值，死就是解脫了。如果生沒有絕對正價值，死沒有絕對負價值的話，我們實在沒有理由說安樂死是絕對不道德。

無可否認，安樂死的實際執行定必有很多問題，但可有不少方法去體現病人權益，比如簽署「預設醫療指示」。只有道德討論是不足夠的，但這跟我們不提供任何理由下就說安樂死是不道德，恐怕還是相當不同的。

8 論偏私 | 眾生真能平等嗎？

奧威爾的《動物農莊》(*Animal Farm*) 是一部美妙的小說，用動物做演員說平等，去折射人的大千世界。不過，當中其實還是人的觀點。事實上，我們也很難用動物的觀點看動物，動物跟我們太不同了，這不同甚至可證成道德地位的不平等。我們不接受同一莊園 (社會 / 國家) 內，人與人之間沒有平等，但大部分人卻默認人與動物是不平等的。

我們跟動物的不平等，不只是說說而已。根據哲學家馬克·伯恩斯坦 (Mark Bernstein)《人和動物的道德平等》(*The Moral Equality of Humans and Animals*) 一書，每年在美國有 11 億動物在工廠式飼養中被殺，數百萬計的動物被獵殺，大量動物被拿來做實驗。在全球化下，富人跟窮人的確不平等，但富人也不至於明刀明槍要「殺死」弱者。男人跟女人在現代社會也不完全平等，但男人也不至於拿女人來做實驗。可以說，動物跟人是極度不平等。

這種不平等可以這樣理解：

(A) 人的利益在任何時候都比動物的利益更值得考慮；

(B) 人此物種的生命比不是人的動物的生命更有價值，所以人的利

益比動物的利益更值得考慮。

問題是這種不平等合理嗎？我們有理由支持這種不平等嗎？

A 是較難接受的。我們一定要看那是甚麼利益、甚麼人和甚麼動物。如果有一個「賤人」，只是想嚐嚐黑猩猩或者海豚肉，於是想損害牠們的生存利益，就很難用「人的利益在任何時候都比動物的利益更值得考慮」來支持。這原則反而被推翻了。

B 以物種作為考慮點。但這是人的 DNA 或者基因令我們有更高的價值？還是其實是在講人之為人擁有的一些特質（比如理性思考能力）為其他動物所無，才推出人有比其他動物更高的價值。但為甚麼 A 擁有能力 X，B 沒有，所以 A 的痛苦比 B 更要考慮？為甚麼能力 X 有這般的「魔力」？這其實隱藏了一個假定，那就是價值來自理性。

我們說黑色皮膚或者性取向不是人家選擇的，因此他們沒有甚麼要負責，但我們也不可以以此來支持對別人的不平等對待。那為甚麼「沒有理性」就要負責，有這樣極度不平等的對待？

「對待」是甚麼，也是十分重要的問題。我有兩個學生：小華和小娥，一個口才好，一個不好，但兩個都曾接受訓練，也接受相同時數的練習。不過有天份就是有天份，在班際辯論比賽中小華拿下冠軍，可以得到某連鎖咖啡店 $50 現金券。

小娥可以這樣投訴嗎？

你的辯論天份是你選擇的嗎？你真的值得擁有那張 $50 現金券嗎？我們還是平均分了它吧。

我們會覺得小娥也太牽強了一點。辯論比賽的目的，並不是為了取得現金券，而是希望能讓參與者的能力和技藝透過競爭表現得更好，現金券只是一種鼓勵。

但是如果下一次不是獎勵一而是懲罰，輸了的要「斬手指」（對不起，嚇親你！），小娥這樣説就頗合理了！

我的辯論天份是我選擇的嗎？我真的值得因辯論天份不夠就被斬手指嗎？

非人類動物（如章魚）會説（如果能説）：

我參加辯論比賽一定會輸，這不要緊，現金券你們自己拿吧。

但如果要將章魚切成刺身，牠也許會說：

> 我的理性能力不高是我選擇的嗎？我真的值得因為理性能力不高就
> 要受更多苦嗎？

當然，如果這頭章魚能出說這番話，恐怕在辯論比賽就不一定是輸家了。

對事不對人有限度

我們當然可以接受人和動物有差異，可以有差別的對待。我們無必要說動物和我們一樣有投票權或者教育權，但在一些重要而彼此都會受影響的範疇，比如生存和痛苦的有無，人和動物是沒有不同的。這就好像承認男女有別，不代表性別主義是對的，可以將女性的權利剝奪。同時，也不代表大家的角色和需要不同，會因為平等對待而抹殺。

不過，要說動物和人是平等，真的不容易。如果平等的意思是將人和動物看成有相同價值，那麼，一個困難的問題就是，該怎樣看？一些效益主義者會提出可以用無偏私、上帝的角度看，或者當一個理想的觀察者，只關顧整體的快樂和痛苦，不管是誰的。

我們真的可以用這角度看事情嗎？「對事不對人」也有限度吧。我們可以盡量不偏私，但也不能不用人的角度看事情吧？我們大家都是人，其實同分享一個羣體關係，這就合法化了對自己物種的特殊關懷。漫畫《寄生獸》中有一幕令我相當深刻：儘管故事主角如何不認同人類破壞地球環境的所作所為，甚至知道從「宇宙觀點」看，沒有人其實沒甚麼大不了，可

能更好也説不定，但最後他仍作出了以人類利益為依歸的決定，不毀滅人類。理由很簡單，因為他自己也是人，他自己就屬於這個羣體！這點在直覺上很強，哲學家威廉士（Bernard Williams）也認為這種「人的偏見」是在倫理學上不能去除的。

再想想，你真的可以擺脱「偏私」嗎？

> 在火場裏，你只可救一隻陌生狗和陌生嬰孩，你會救誰？
> 在火場裏，你只可救一個陌生嬰孩和自己所生的嬰孩，你會救誰？

如果請 AI 來仲裁，它可能另有高見。但這 AI 不是人，也不是動物，故此它非常中立。不知道如果這樣，AI 又能否擺脱「偏私」？

在火場裏，你只可救十個 AI 機械人和十個陌生嬰孩，AI，你又會救誰？

⑨ 論物化 「集郵」是物化他人？

自從智能手機的自拍功能興起，我們在社交場合就多了一個現象：「集郵」。人們圍着「男神」、「女神」要求自拍，然後上載臉書，博取 like 數。這樣做，應該無傷大雅，人畜無害。但如果我們借用馬克思主義中的「物化」概念作透視，可能另有體會。

「物化」（reification）的基本意思是將主體變成物。拉丁文的 "res" 意思就是 "thing"。這種將人變成物的現象，當然古已有之，但在資本主義社會，這種物化卻是另一種形態。物化在馬克思的想法中，是一種隨資本主義而生的人際關係。在前資本社會，工匠生產物品，他了解整過生產過程，也較容易明白生產物和生產過程跟他生活的關係和意義。但在資本主義社會，我們用金錢為單位，以商品為本質。商品的特性是可以買和賣，而純粹的買和賣可以完全脫離社會關係。很簡單，外資要買香港的資產來炒作，哪管影響民生？不過，資本主義最厲害的，是叫人將自己變成商品，工人生產的屬於公司，連作為主體的人，都可以「物化」自己，拿來買和賣。勞力就變成了最合法的商品。

哲學家盧卡奇（Georg Lukács）認為，「物化」是人們一種觀察和靜思的習慣。我們對周遭的自然、社會環境和人的特徵，只能以一種抽離和沒有感情的形式理解；我們常說的「花生友」其實頗配合這種情調。盧卡奇並沒有說這在道德上是錯的，只指出這是資本主義的社會事實。在當中的人也沒有錯，他們只是如此這般地生活。但法蘭克福學派哲學家、社會理論家阿克塞特·霍耐特（Axel Honneth）則認為，我們仍可對整個制度和結構作規範性批判，即下對與錯的判語。

他指出這制度不是道德上可欲（morally desirable）的，正如法蘭克福學派創始人馬克斯·霍克海默（Max Horkheimer）與狄奧多·阿多諾（Theodor Adorno）在《啟蒙辯證法》（*Dialectic of Enlightenment*）一書中指出：「所有物化都是遺忘」。我們遺忘的是人與人之間的交流，人與人之間的關注。我們其實並不僅僅是觀察者，而是參與者。他人對我來說並不只是被我「調動」的工具，也是讓我能構成意義的網絡世界，是活生生的人。德國哲學家哈貝馬斯（Jürgen Habermas）後來著書立說，也主要是想點出人與人之間並不只有「目的—手段」的工具理性（instrumental rationality），還有尋求了解跟共識的溝通理性（communicative rationality）。有此一說，當然是回應資本主義市場化下人際關係被扭曲的可怕現象。

「集郵」的倫理

我記得有一次跟學生探望劏房戶，跟住戶聊天。溝通不容易，因為大家生活的世界不同，但大家都盡力而為。事後一位學生說原本想一起「自拍」，但最後覺得不太合適。我就知道他剛剛經驗了一次倫理思考。

他為甚麼不拍照？理由是劏房戶的朋友在枱頭放了一張沒有他樣子的集體照，令他感覺太淒涼。在傷心的場合，你不願意拍照吧？在手術室你會不會拍照？你會不會跟死者自拍？事實上的確有人這樣做，而這往往都會引起爭議。

自拍和「集郵」實際上沒有「傷害」甚麼人，但如果只用有沒有傷害人來判斷一個行為是否合乎倫理，恐怕過於狹隘，也會忽略很多有意思的倫理思考。第一、我跟「男神」、「女神」拍照時，我們之間有甚麼人際關係？恐怕只是望着手機然後再想找另一個自拍對象吧。這可能並不能構成有意義的活動，而只是滿足一些較簡單的慾望。第二、自拍強調「自」，拍攝者是自己，被拍者也是自己，整個過程可說是全情掌握，被你自拍的「女神」和「BB」則全程被動；然而，真正的關係必然是雙向的。可能你也會身處被動，甚至受傷，但這才是關係。第三、大家如有集郵的經驗，都知道重點在於集齊一套，不是一套的郵票往往欠缺價值。然而，從主體角度看，我的價值不是建基於給你「集齊」，我跟其他人可以成一整體，但不是按你的標準而來。第四、被「集郵」的其實往往也是將自己「郵票化」，在「被集」中取得愉悅，也取得用數量建立的榮耀感。

每天都在物化

我不是要大家將自拍作為「集郵」聚焦，反而是想讀者由此折射至生活其他方面。比方說應是「春風化雨」的學校，教師有沒有把學生的 5** 成績當作「集郵」之物？作家老舍在《貓城記》第六章中，就曾問為甚麼有人願當校長與教員：

> 作不着官的，教書是次好的事業；反正受過新教育的是不甘心去作小工人小販子的，漸漸的社會上分成兩種人：學校畢業的和非學校畢業的。前者是抱定以作官作教員為職業，後者是作小工人小販子的。這種現象對於政治的影響，我今天先不說；對於教育呢，我們的教育便成了輪環教育。我唸過書，我畢業後便去教你的兒女，你的兒女畢業了，又教我的兒女。在學識上永遠是那一套東西，在人格上天天有些退步，這怎樣講呢？畢業的越來越多了，除了幾個能作官的，其餘的都要教書，哪有那麼多學校呢？只好鬧笑話。輪環教育本來只是為傳授那幾本不朽之作的教科書，並不講甚麼仁義道德，所以為爭一個教席，有時候能引起一二年的內戰，殺人流血，好像大家真為教育事業拼命似的，其實只為那點薪水。

官有官威，教師也有「教威」。最重要是將一套東西重複一生，當成真理那樣持守：在學識上永遠是那一套東西，在人格上則天天有些退步。這就成了老舍所說的「輪環教育」。教育工作者還成了商人，心思都放在買賣。學校被當成「新式的飯舖」。用現在的話說，就是「教育商品化」了。教師跟學生的關係，建立不起來。活在當中未必自知，但反省一下可能心驚。

[10] 論身體 | 買賣生殖服務是一種權利嗎？

曾有富豪二代選擇找代母產子，掀起一場道德爭議。有的説這會把嬰孩或者代母當成工具，或者製造無母孤兒，但也有認為能生於這麼富裕的家庭，衣食無憂，實在是三生有幸，況且沒有母親也不等於無人愛護。再説你賣我買，只要你情我願，當中無人被剝削或欺騙，干卿底事？

以上的理由是不是一種自由主義式的辯解？有論者表述自由主義對代母產子的看法：「有人從自由主義角度出發，認為代母懷孕牽涉到的只是三個成年人（即是父親、母親、代母）之個人選擇，其他人並不會因此受到任何損害，旁人難以真正了解一對不育夫婦所承受的身心痛苦，因此亦無權剝奪這些人的選擇權。」

這裏牽涉「沒傷害他人」、「個人選擇」和「權利」等自由主義的常用語，但這幾個概念就足以支撐一個這麼有爭議性的論斷——買賣生殖服務是一種權利嗎？這裏更牽涉我們對身體的看法，有自由主義者認為身體是我們擁有的，是一個不能侵犯的領域。但這個看法有沒有問題？自由主義者都是這樣想嗎？在自由主義理論的不同聲音中，又有沒有批評這個看法？

我的身體 我的權利

在倫敦政治經濟學院任教的哲學家費柏（Cécile Fabre），在其《到底是誰的身體》（*Whose body is it anyway ?*）一書中，正是以自由主義的概念，嘗試證立我們有權售賣自己的器官或者生殖能力。她的基本思路是我們擁有自己的身體，擁有自己。費柏認為，根據充分原則，個人有權利去過「最基本地繁茂」的生活，而根據自主原則，一旦人們有那種基本的生活，所有人都應被容許根據他們心目中理想生活的觀念，享受勞動的成果。她認為如果面對有需要的人，我們沒有權利收起物質資源的控制權，這樣的話，也沒有權力阻止那些需要我們身體的。但我們卻有這權利，即使這樣做會損害他人。這說明了我們的身體是他人不能侵犯之地。

但為甚麼我們卻沒有權利去決定我們怎樣利用身體去提高收入，即使這樣做對他人有利？因此，費柏辯說器官買賣是可證立的，而賣春和出售生殖能力都是可以的。

她也指出在滿足了充分原則和自主原則後，出賣身體並非內在地品格低下，或者會叫人感到羞辱，也並不一定是剝削性的，或者會將一個人物化。不過，當中很視乎有沒有適當的規範，因此我們有理由監管這些行為，比如設計合約保護代母，或者訂定在某些情況下，如代母不願放棄嬰孩時，合約可以無效。

社會與個人的張力

我們可以看到，有些自由主義者會從身體的擁有權，推論出我們有權出賣自己的器官或者生殖能力，並且指出這是一種再分配的過程。再分配是指一種資源從一人轉移至另一人。在代母產子的情況，費柏認為父母本身並沒有孩子的擁有權，因此這種物品的交易並不像一般交易，實際上是將某人「育養孩子為成人」的權利轉移。

自由主義提供了我們對身體的詮釋，比如它是我們自己的王國，不容外人置喙。但實際上，我們並不這樣看待自己的身體。比如自殘、自虐、暴食、吸毒等損害自己身體的行為，我們都不會因為那是「你的身體」而甚麼都不說，甚至會以法例限制我們「殘害」身體的一些行為，因為那會損害個人和社會的利益。我們固然須正視部分作為壓迫個人自由的藉口，但這到底也反映了自由主義的一些盲點，對於某些行為的詮釋，或者社會的實際狀況未必與自由主義的描述相符，比如代母把自己的嬰兒賣給別人，並不僅僅是將「育養孩子為成人」的權利轉移。那「多一點」的東西就是那是有血有肉、十月懷胎、有感情的孩子，因而令母親和嬰兒的關係變得特殊，故不能把它視為權利轉移或買賣關係。

自由主義有一個傾向，是將道德和倫理劃分開來。自由主義者往往可以承認一件事並不太好，比如出賣自己身體取得收入（如援交），但卻容許我們有權做一些「錯」事。但一個社會可以對他人行為的好與壞視而不見，只講求合約、權利、自主嗎？澳洲哲學家朱利安・薩烏萊斯（Julian Savulescu）在談及人獸交時，便指出如果人和動物都享受其中而不傷害他人，他看不出反對的理由，又如一個人吃另一個自願被吃的人，那麼吃人肉似乎也沒有甚麼問題。但我們仍會有很強烈的抗拒情緒，這種「情緒」似乎是自由主義所難以安頓、卻不能忽視的。

我想自由主義者要辯護的話，未必要接受身體徹底只是我們的資產，而會接受一些社會對身體的基本想法。另一方面，自由主義者也會指出僅僅滿足充分原則和自主原則並不足夠，對人而為人的尊重此一概念卻並未得到足夠重視，比如平等便應是正義觀念中不可或缺的一部分，偏偏費柏對這點並不重視。自由主義者也有不同的正義觀，他們對規範層面的斷言會有差異。問題一探究起來，絕對比街談巷議複雜，但自由主義似乎要吸取其他道德語言的營養，比如「關係」、「腐化」和「情感」，才能說服大眾。

知識論

香港人應學的40個哲學問題

特朗普上任美國總統後，真的開新風氣。"post-truth"（後真相）即被《牛津英語詞典》選為 2016 年的年度詞彙。"post-truth"這個字的構成令人想起"post-modern"（是「後現代」，不是「郵政現代」）。後者的確有反對現代性的意味。不過在字典中，「後真相」被定義為「訴諸情感及個人信念，較陳述客觀事實更能影響輿論的情況」。這看來沒有告別「真相」或者應該放棄「真相」之意，只是描述當今政客、互聯網和傳媒合力炮製的輿論控制方式。

香港似乎也受到這一股「歪風」影響。甚麼「語言偽術」，説了好像沒説，無從評斷對錯。我們又特別喜歡「開心 share」那些由「內容農場」發出的震驚幾十億人的信息。我們分享時有半秒鐘想想資訊真假的問題嗎？如沒有，你可説也進入了「後真相」之門。不過，「後真相」跟「胡扯」（bull shit）、説謊（lying）跟假新聞（fake news）其實有沒有分別呢？

假新聞和謊話都預設了有真新聞和真話，但根據哲學家法蘭克福（Harry Frankfurt）在他的暢銷名著《論胡扯》（*On Bullshit*）中指出：「胡扯者並不否定真相的權威，不像撒謊者那樣。胡扯者只是對真相不抱任何注意。胡扯是比謊話更大的敵人。」如果你無知的以為是「震驚八十億人的新聞」是真的，並因而去分享，會比滿不在乎真假的態度要好。

你關心真相嗎？看到學生胡亂引用網上資源，把 share 文章的網民當成作者，把 blogger 當成學者，不辨誰可信誰不可信的時候，我就想問，你們真的介懷真相嗎？

「交功課啫，阿 Sir。」

特朗普有一次隨口說女兒伊萬卡房裏的瓷磚是華特·迪士尼親手製造的。管家問他，真的嗎？

「誰在意呢？」

美國作家雷夫·凱耶斯（Ralph Keyes）在其著作《後真相時代》（*The Post Truth Era*）中細說誠實（honesty）如何在政客、傳媒和互聯網手中衰落，這比奧威爾《1984》筆下的「新語言」更厲害。「謊話」有大量委婉語，甚麼 poetic truth、parallel truth、imaginative truth、virtual truth……這些「語言偽術」都讓我們習慣謊話，喪失正義感。

他們不是說謊，是不介意胡扯——這是我們當下面臨的大危機。

甚麼是「真相」？

甚麼是「真相」？這可說是哲學上的大討論。簡單來說，我們有不同的信念，但這些信念是否與世界的事實對應？如果對應，那就是真相，這種看法稱作「對應理論」。不過，甚麼是「對應」？事實以甚麼方式存在？這需要很多形上學的説明和解釋。另一方面，如果真理就是與事實對應，那麼錯誤的信念或者命題又和事實有甚麼關係？要假定有非事實（non-fact）存在嗎？不解説真相是甚麼反而能讓人明白，定義愈多反而愈糊塗了。

另一種真相的理論是「融貫理論」。融貫理論着重信念系統整體的關係，一個信念是真的，只有它和其他信念融貫一致。但是否可能有一個融貫的信念系統，但卻與世界不相符，甚至相衝突？信念融貫一致，但可以是假的嗎？至少，我們可以這樣問。

還有一種具影響力的理論，是「實用主義理論」。美國實用主義哲學家查爾斯・皮爾士（Charles Peirce）指出真理是探究的終點，或者真理是我們可以滿意地相信的概念，這當然取決於實際價值和經驗。1977 年 6 月至 8 月，南京大學哲學系胡福明就寫了〈實踐是檢驗真理的標準〉一文。不過如果我們進一步分析，便會發現，檢驗真理的方法是甚麼，跟真理是甚麼（即真理的性質是甚麼），其實是兩個問題。

被視為辯士的普羅塔哥拉斯是哲學史上最著名的真理否認者，據説他還寫了一本名為《真理》的書，惜已散失。他有一名言：「人是萬物的尺度」（man is the measure of all things），意思是指你説真就是真，我們説真也

可以是真。由歷史到科學，一律沒有真理。用現代的話說，就是甚麼是真理是很主觀的。

不過，我們不能忘記歷史學家跟一個說書人有極大的分別。前者要清楚列明自己使用甚麼資料，以供讀者和專家判斷其所說的可信性；後者則不用客觀，只求娛樂性。郭靖和成吉思汗談天，韋小寶跟康熙稱兄道弟，你敢想就行了，但那叫小說，不能算是歷史。我讀書期間，就身處後現代語言充斥的文化界。當面對說謊的權力時，大家就會明白真理這概念的重要性。「甚麼都可以是真」，真的說說就好了。

沒有一個完備的「真相」理論不等於沒有真相，我們也不需要開設「真理局」來教我們甚麼是真相。至少我們都知道這些不是真相：1+1=3、香港第一任特首是劉德華、香港沒有貧富懸殊，太陽環繞地球轉。我常說，好的哲學都不會違背常識。

⑫ 論相對 真的只在乎觀點與角度？

「凡事最少有兩面，分別只是觀點與角度」，「公說公有理，婆說婆有理」，這些套語常伴着我們成長。套語也不是沒有用途的，這些話很多時都是「打圓場」的絕招，有效避免當場不休的爭吵。

但如果進一步思考所謂「視乎觀點與角度」，那就意味着「甚麼是真，我說真是真」（What is true is true to me）。這種講法在思辯的過程中很容易被擊倒，因為這種淺俗的相對主義犯上了自我指涉或自我推翻的謬誤。

> （P1）：在我的角度是真，那就是真。在我的角度是假的，就是假的。
>
> （P2）：（P1）在我角度是假的。
>
> 所以：（P1）是假的。

不過，不是所有的相對主義都很容易被識破的，因為一般被擊倒的往往只是淺俗的相對主義。正如哲學家麥金泰爾（Alasdair MacIntyre）指出，如果相對主義可以輕易被駁斥的話，它就不需要被擊倒這麼多次了——我們可以把相對主義陳構得更複雜細緻，讓它不用一開始就犯上自我推翻的錯誤。

如果讀過專研尼采的哲學家內哈馬斯（Alexander Nehamas）的《尼采：生命之為文學》（*Nietzsche, life as literature*）一書，同情地了解尼采的「觀點主義」後，就會覺得這些都不是重點。相對不相對，在日常討論只不過是口舌之爭。

尼采的觀點主義

尼采有一名句：「沒有事實，只有詮釋。」尼采的觀點主義是甚麼意思，並不容易掌握，一來是他的說話看來像謎語，二來是他的說法經常前後不一致。比方說，尼采好像否定有真理存在，一些人或會引尼采所說：「甚麼都被容許了」，但這種說法只會令尼采和淺俗的相對主義沒有兩樣。另一個更有說服力的解讀是，尼采認為絕對的真理會對我們找尋真理造成障礙；他仍在乎真理。

在我們時代，甚麼是「絕對的真理」呢？是科學。我們視科學獨立於各種現象和詮釋，是客觀的學問。尼采指出所謂「現象」或者「表象世界」，並不是「真實」的相反詞，他認為那其實是我們賴以生存而構作的世界觀。科學也是我們為了求生而形成的一種獲取知識的方法。故此，如將其視

為絕對真理，就是錯誤理解其特性。尼采不願看到我們放棄追尋「真理」。

他認為「對無知的意志」(the will to ignorance) 和對「知識的意志」(the will to knowledge) 是相關的。「對無知的意志」並不是指我們沒有慾望去知道一些甚麼，而是我們沒有知道，我們其實在知道之同時，對很多東西都一無所知。

一個真正的藝術家不會掌握所有事實和所有資訊，他必須專注某一層面才能進行創作。他一定要選一個角度，其他的只是背景。印象派只表現光影，抽象派只表現形狀和顏色，其他皆不理。有沒有一個「完美」的畫家能同時採用所有風格？那他只能成為一個最沒有風格的畫匠，成不了藝術家。「如果一個人想甚麼都對，就不可能是對的。」

此一觀點主義意味着我們要參與某項活動時，必須作出取捨。我們必然要從通過某一選取的角度看世界，結果總成一孔之見。當然，總有些角度更好。世界常變，我們要願意改變自己對世界的理解，而不是要一種絕對而實質獨斷的看法。

另一觀點看道德

比方說，我們往往會把現在身處的道德觀視作唯一的、絕對的標準，但如果我們將「善」和「好」放在歷史中考察，例如以尼采的系譜學方式（我們看系譜，知道除了自己跟父母血脈相連外，原來還跟這麼多「親戚」有「關係」），我們便會看到新的可能性，發現現在相信的、看到的，未必那麼堅實不可動搖。尼采還指出我們現在所謂的「好」，其實不是那麼好。現在

的好是「奴隸道德」，高舉自我否定、謙卑、反動、憐憫⋯⋯當然，這就是他眼中基督教的道德觀了。

尼采所謂的「主人道德」又是怎樣的呢？主人道德是對生命的自我肯定，個體意志的充分表現，富有創造精神，追求勝利。你叫他們謙虛，他們會不明所以。生命的自然流露，才性的展現，為甚麼要「收收埋埋」？在強者眼中，只有好和壞，沒有善與惡。

持奴隸道德觀的人，大概是勇力和才氣都不及「主人」，但他們勝在人多（對，他們就是「平庸的大眾」），於是弄出另一套道德觀來，不只好和壞，還有善與惡（evil）。不合乎他們奴隸道德觀的就是惡。

道德（morality）在這兒就成了控制那些強者的利器。

當我們自以為坐擁絕對真理時，我們就會喪失尋找其他真理的意圖。同理，尼采其實並不是反對基督教，而是反對其對善與惡的獨斷。尼采並不是要為我們提供一套真理的理論（theory of truth），他更希望我們保存對真理的意志（will to truth）。可見，尼采的觀點主義是要我們去思考，而非叫

我們用一些相對主義式的套語去讓自己安安樂樂。尼采提到一羣在深淵附近跳舞的哲學家，他們像《愛麗絲夢遊仙境》的愛麗絲一樣，不會有前設，不相信有穩定、不變的「真實」。沒有甚麼是不可能的──這就是自由的精神。

但誰願意永遠處身在求知的深淵呢？尼采指出很多有利我們生活或者給我們帶來利益的信念，其實都是錯誤的、虛假的，它們難以建立也難以就此放棄，幻覺是我們生活中所無可避免的。有趣的是，「公説公有理」派往往就是維持現實派，不敢也不願去觸碰其他想法，不敢創造更多不同的詮釋。這恰恰和尼采的觀點主義相反。要判別一個人擁有的是心胸闊大的自由心靈還是只有表面包容，其實是有門路的──關鍵是他付上了多少「求知所花的努力」。

論共約 有沒有可放諸四海的標準？

我們的信念從哪裏來？一個常見的答案是來自我們所屬的文化。那麼，我們可以用甚麼來判斷我們的信念是否可以接受？邏輯方法可不論東西，放諸四海而皆準；但在人情事理，道德方面，我們又是否有歸一的標準呢？

我們有沒有一套獨立的文化標準去判斷我們信念是否正確？換句話說，「有沒有普遍和客觀的標準？」這類根本的問題，愈來愈少人問，但卻愈來愈多人不加思索地接受了。在當下的社會，我們很容易將標準分為東方式和西方式。我的政治哲學老師石元康教授寫了一本叫《當代自由主義理論》的書，介紹西方自由主義觀點，如羅爾斯、德沃金、海耶克等。石教授說他的著作在國內出版，書名變成了《當代西方自由主義理論》，他開玩笑說：「除了西方的自由主義，還有來自其他地方的自由主義嗎？」後來我明白加上「西方」二字，就可以較容易用國情不同或者反對文化霸權等立場批評當中的價值。

中西文化大不同？

說「中西文化大不同」，也許太浮泛。我們其實應該更深入的問：中西文化有何分別？中西文化其實有甚麼不同呢？我們身處的中國文化，有甚麼

特徵呢？勞思光先生指出，中國哲學以價值哲學為骨幹。歷代哲學家之心力，皆集中於心性論、道德哲學和文化；西方則更着重智。錢穆先生認為中國人的重德觀念，頗接近於西方人之宗教精神；而中國人的重行觀念，則頗接近於西方人之科學精神。

不過「頗接近於」的意思，恐怕就是並不等同。

概括來說，中國重德和行，西方重宗教和科學，但是思考之下，西方宗教和科學的矛盾爭鬥，我們又如何能簡單抹殺？說中國重德，難道西方就不重視？聖哲蘇格拉底就非常關心「美德」。

這些問題如果不思考探討，就很易墮進「東方如此，西方這般」的誇誇其談了。

不可共約性

中國有中國的標準，西方有西方的標準，這可說是一種相對主義。相對主義其中一個避免自我推翻的說法，是西方和中國的概念之間不可共約。不可共約的簡單理解就是不可互相翻譯。但是不能翻譯可以有不可共約以外的原因，其中一個原因就是某文化根本沒有另一個文化的概念，即某文化系統沒有另一個社會的文化或政治制度的詞彙。例如在清代，那時並沒有英式足球運動，如果一個精通中英語的人要向慈禧太后以中文介紹足球，他會發現無法翻譯 "offside"、"goal kick" 等詞彙，因為中文本身沒有這些詞彙。

但這並不等於原則上不能翻譯，因為當我們了解足球這運動時，便可以意譯有關的術詞，如把 "offside" 譯成「越位」、"goal kick" 譯成「龍門球」。在這層意義下，我們會認為在原則上還是能翻譯的。

如果不能翻譯不是指某系統沒有現成對應的詞彙，那麼不能翻譯是甚麼意思？

另一層意思可以這樣去解釋：如果我們擁有雙語能力，如同時熟悉中文與英語，當我們要把中文的「命」譯作英語時，我們可能會把它譯作 "fate"；但如果我們同時熟悉兩個文化的經典，我們就會發現 "fate" 這個翻譯會略「命」的很多含義，即不能譯出很多意義與內容。例如在中國儒家經典《中庸》裏有「天命之謂性」一語，意即性與命是相通的，"fate" 顯然沒有這種意涵，所以它不能完整的翻譯「命」一詞，這也是不能翻譯的意思。按照哲學家麥金泰爾所言，就算是專名（proper name）的翻譯也可能出現這種情況。

麥金泰爾認為我們要真切了解一個詞語的意思，必須在傳統之下理解，而傳統是由一系列的經典構成。不同的傳統會有不同的經典，它們決定了

一個傳統的理性觀，決定甚麼可以作為理據，甚麼不可以。故此不同傳統會有不同的理性觀，他說：「我們沒有一種理性觀，只有各種理性觀。」在這個意義下，我們並沒有一種普遍的理性，作為一種超傳統、跨文化的標準——這正是相對主義的立場。

概念之間不可共約

從以上我們知道，概念之間不可互相翻譯，一個原因是一個文化系統的概念與另一個文化系統的概念不能共約，即不能比較。在這個情況下，概念之間甚至談不上相容不相容——因為它們根本在談論不同的東西。就像我們談論貝多芬的音樂與愛因斯坦的相對論是否相容，誰更優越，是沒有意思的——因為音樂與科學理論有不同的標準。而評論「相容」與「不相容」、誰優誰劣，必須有一個大家都分享、同意的標準。

在此舉一個例子說明：在牛頓的物理學中，質量（mass）的意義與現在愛因斯坦物理學中的意義是不同的。牛頓認為，一件物件的質量是常數，但在愛因斯坦的系統裏，在接近光速的情況下，物件的質量可以改變。所以，雖然他們都在談論質量，但似乎有不同所指（reference），我們不能以同一尺度去理解兩者「質量」的意思，因為它們是在不可共約的概念系統之下。以科學哲學家庫恩（Thomas Kuhn）的術語表達，就是大家活在不同的典範之中，牛頓的物理學系統是一個典範，愛因斯坦的則是另一個。因為有兩個不同的典範，所以不能以同一個標準理解他們理論中「質量」的意思，我們也沒有標準去判斷哪個理解較佳——這也解釋了概念之間不可共約如何導致相對主義，但這種相對主義並沒有犯上前述自我推翻的謬誤。

我們的其他信念系統，即使不可與我們的共約，也不代表我們不可以理解它們。亞里士多德的物理學與愛因斯坦的物理學雖然不可共約，但我們現在都可以理解亞氏的理論，雖然這種理解是不對稱的，即身處亞氏的年代無法理解愛氏的理論。用麥金泰爾的話，就是只有能了解兩個系統的人，才能說出那些部分不能翻譯。這也可以說明，即使我們能了解兩個系統，也不代表沒有相對主義的問題。

要說「信念要在所屬文化才能定真假」，也許先要證明該信念真的不能在不同文化共約。但據我多年觀察，愛使用相對主義來作辯論工具的人，往往沒有心思和意志去做證明。

[14] 論懷疑 | 懷疑是知識的基礎？

所謂「獨斷」就是不容懷疑的意思，既然大家都不喜歡獨斷，那麼凡事懷疑是否就是王道？科學史家娜歐蜜・歐蕾斯柯斯（Naomi Oreskes）與艾瑞克・康威（Erik Conway）在《販賣懷疑的人：從吸煙、DDT 到全球暖化，一小羣科學家如何掩蓋真相》（*Merchants of Doubt*）一書中，就指出職業懷疑論者不停在找正反對立來讓我們找不到事實真相：「吸煙會致癌 vs. 不是所有吸煙的人都得癌症，所以這個論證錯誤」，「全球暖化是真實發生的，導因於人類的活動，所以要限制人類的工業活動 vs. 全球暖化在合理的範圍，是受到太陽影響的自然週期，不需過度緊張」。

「無證據顯示」已成了我們懷疑的提示詞。某意見領袖就曾說笑道：「無證據顯示惡劣天氣環境與新聞自由有關，但唔排除任何可能。」我們面對很多資訊，但我們其實甚麼都不知道，不能作判斷，不能行動。特朗普也說「無證據顯示他在大選與俄勾結」；倫敦警方說「無證據顯示大火與恐怖主義有關」。要證據證明一件事聽來很合理，但實則非常不容易。結果真真假假，我們普通人只能說甚麼都不知道。

懷疑論才是真相，還是掩蓋真相？

面對笛卡兒的懷疑論，懷疑外在世界是否存在，英國分析哲學家摩爾（G. E. Moore）伸出雙手就證明它是錯的（我的手存在呀）。但懷疑論並不只是懷疑這麼簡單，關鍵在於正常的懷疑者，可以原則上拿走懷疑的根據（remove grounds for doubt）。例如某人説「我行龍脊時見到發哥（周潤發）」。我們可以懷疑（a）發哥不行港島區的山；（b）你的視力很有問題。但（a）和（b）作為懷疑的根據在原則上可以拿走。如果我們在不同網友的臉書上都發現在港島山林「野生捕獲」了發哥的話，那（a）就是錯了。另外，（b）即使是對的，但這根據可以被「中和」。例如你還跟發哥拍了自拍照，即使你視力有問題，但相機可以代替你的雙眼，「看到」發哥。

但是笛卡兒式的懷疑者並不會給你原則上推翻或者中和懷疑根據的機會。我們懷疑時，總不會懷疑所有東西，但笛卡兒式的懷疑者卻連我們整個信念系統都懷疑。當你懷疑所有信念都是魔鬼輸入我們的腦袋時，我們實在難以找到「證據顯示魔鬼不會這樣做」，也難以拿走懷疑的根據，因為任何根據都可以被「普遍懷疑」，甚至可以懷疑你的懷疑：「你怎確定你懷疑魔鬼不存在是對的？」你問他們憑甚麼相信魔鬼存在？「無證據顯示

魔鬼不存在。我就有理由懷疑⋯⋯」這時候這種便宜的懷疑反而給人一種擊倒了、或證實了某信念的假象。但懷疑者其實也要提出實質理由來支持他自己的信念。

網上著名的《史丹福哲學百科全書》（*Stanford Encyclopedia of Philosophy*）的解釋很好：在電影《真人騷》（*The Truman Show*）中，主角雖然被騙：原來自己的人生是在電視上播放的真人節目，身邊人都是演員，但原則上他可以知道甚麼是真實，事實上他亦能找到證據揭穿這個殘酷的騙局。但是在《廿二世紀殺人網絡》中，人們卻無法知道自己被騙，因為他們所有經驗都由機器構作，他們沒有其他參考點，以知道自己正在「發夢」。我們知道自己發夢，因為有真實的生活對照，反之亦然，但如果有人說我們整個生活包括發夢的經驗都是「發夢」而已，我們就無話可說了。

值得一提的是皮浪主義（Pyrrhonism）。皮浪說我們要放棄判斷，才能找到心靈的平靜。皮浪主義並不否定笛卡兒式的懷疑論，也不否定它的否定者，只是放下判斷。

在哲學上懷疑論就算無懈可擊，但我們的生活也如常，英國哲學家休謨也說離開書房，他便不再是懷疑論者。更重要的是，我們判斷那些懷疑者跟我們都在進行尋真的工作。我們要找出他們懷疑的根據，並且要考慮原則上是否可以推翻他們。「販賣」懷疑的人似乎並不在乎事實，就算擊倒了他們無根據的看法，他們也們會不厭其煩地重複，因為他們只關注爭論可否持續下去，讓擁有相當證據支持某信念的人筋疲力盡。

[15] | 論知識 | 有全能的 FACEBOOK 大神嗎？

不時看到朋友在臉書（Facebook, FB）向全能的「FB 大神」問問題，上至油麻地甚麼戲好看，下至京都甚麼東西好吃，都夠膽問，而且往往得到「啊果然無咩嘢難到大神」、「謝謝大神」此起彼落的讚美。

在冰島一對情侶的求婚情景被一位女攝影師意外拍攝，這對情侶也靠社交網絡找到這位攝影師。究竟大神力量從何而來？是來自我 FB 的朋輩可靠精明，還是因為羣眾數量的力量（你有幾百個臉書友吧）？大神其實是羣體，我們認同羣體可以給予我們有用的資訊甚至正確的知識嗎？

大型合作的知識建構如《維基百科》的寫作是否可信賴？事實上陪審團、同行評審（peer review）都是以不同「知識主體」的合作決定來作判斷。這都是社會知識論（Social epistemology）所研究的課題。

傳統的知識論，往往是以個人為單位，最經典的當然是「知識就是個人獲取的證立的真實信念」的說法，但個人身處的社會環境中例如制度和社會關係會否影響知識的獲得，卻備受忽略。社會知識論還着重知識在社會中產生的過程會否推動真相和減少錯誤。例如知識「生產」過程是否透明，是否容許不同人的參與，是否民主、平等，讓不同聲音可以互相監察

制衡。不過，社會知識論和傳統知識論都是以尋真為基礎，並非要說甚麼「真相只不過是社會建構」之類的話。

《維基百科》可靠嗎？

我常跟學生說不要信《維基百科》，特別是《中文維基百科》，這出於我的親身經歷。幾十年前我跟學生講淫照事件的爭議，某位學生下課後很雀躍，問我拿更多資料，我讚他好學，他答：「因為我要寫《維基百科》嘛！」原來，不少老師用「維基料」教學生，但其實「維基料」是學生寫的！

但《維基百科》真的不可信嗎？根據官方介紹，《維基百科》是「自由的網絡百科全書，在一般情況下容許用戶編輯其任何條目，已是網絡上最大型及最受歡迎的參考工具書」。與傳統百科全書最重要的分別是，「《維基百科》採取開放的精神。這意味着不論是擁有《維基百科》帳號的使用者或者是其他匿名的瀏覽者，在閱讀條目的同時也可以把自己所認為適合的內容添加於文章之中；不過在一些特別敏感或者是容易受到破壞的內容則會賦予不同程度的『保護』，藉此以暫時禁止瀏覽者對於一些文章編輯的權限。」另外，「《維基百科》其條目內容並不會歸屬於創建者或者任何編輯者，同時也不會要求任何文章必須給公認的權威人士審核；相反的，編輯者對於文章的內容和架構大多必須經達成共識以作處理。」公平地說，《維基百科》有一套程序來保證資訊可靠。

《大英百科全書》的編輯麥克亨利（Robert McHenry）卻在《經濟學人》指出，《維基百科》的讀者就像使用公共廁所的遊客，可能會預計廁所污穢不堪，因而會小心翼翼。當廁所看來還算清潔，他就會有一種錯誤的安全

感，但他一定不知道是誰曾用過那廁所。麥克亨利應該不是反對公廁，他的意思是《大英百科全書》的編輯個個有名有姓，有專家、有學者，條目質量較有保證。

事實上，《維基百科》是否如此不可靠？《自然》(*Nature*) 雜誌比較了四組不同的科學文章，發現《大英百科全書》每一篇文章的平均誤差是 3.0；《維基百科》是 3.9。但《維基百科》比起《大英百科全書》有更多沒有錯誤的條目，不過有兩篇《維基百科》文章比《大英百科全書》中最差的更差。雖說《維基百科》比不上《大英百科全書》，但它只是稍差——不過它是免費的！

當然，《維基百科》科學文章的樣本（可能因為普通人根本不敢寫！）和其他文章的準確性有差異，但為甚麼《維基百科》比想像中較可靠，至少比胡亂找的網站資訊準確？哲學家法利斯 (Don Fallis) 在〈維基知識論〉(Wikipistemology) 一文中指出，《維基百科》的編寫並不是「無政府」狀態或亂來的，它有幾個特徵有效地提高它的可靠性：第一、文章貢獻者能夠藉由軟件來編輯內容。每一篇條目都有名為「歷史」的頁面記錄過去每一次文章的修訂，這能提高知識的透明度，甚至比傳統百科全書為佳，

因為讀者往往不知道那些印在紙上的條目是怎樣寫成的。第二、對於內容不精確的字句、具意識形態的偏見或者是無意義的話語，必須等待另一名編輯《維基百科》者發覺並糾正內容，這讓編輯之間能有所制衡，避免獨斷。第三、當某一條目過度具有爭議性而引起激烈爭執，條目也有可能變成只有系統管理員能夠修改的「全保護」狀況，這避免「講大咗」的情況而大大提升了可靠度。

著名的社會知識論者戈德曼（Alvin Goldman）指出，可靠只是其中一個知識德性（epistemic virtues），力量、速度、豐富程度等都是其他考慮點。《維基百科》在這些方面的表現都相當不錯：內容多，創建和編輯速度快，接觸面闊、讀者多。

經過以上的討論，我們或會明白《維基百科》不是可以輕易被否定，FB大神也不是要全能才值得欣賞。社會知識論所關心的問題也很有趣，知識論並非無實際功能！

16 論理性 | 理性就是思考？

我們對於思考可説有不少定見，比如認為思考即是邏輯，卻忘了我們其實是用語言來思考，而且當中有很多文化的元素。又有人覺得思考即是冷酷無情的意思，卻忘了我們並不只是理性的動物，情感和慾望在我們思考時「老是常出現」。我們以為自己理性，其實是在將自己接受的看法理性化。

我們這時代似乎高舉「理性」，叫大家去讀德國哲學家尼采的「反理性哲學」，好像不合時宜。但認真研讀的話，此書實在是對哲學人、甚至現代人的深刻批判。尼采的其中一本書《偶像的黃昏》，可説是他介紹自己哲學思想的小冊子，據説他只花了一星期就寫完了。這本書寫於 1888 年，屬於他「清醒時期」的作品。副題「或怎樣用錘子從事哲學」預示了這本書的目的：用錘子敲打尼采心目中必須落幕的哲學偶像，透過錘打，這些「偶像」的空洞迴音會在曠野被聽見⋯⋯

這本書沒有清晰的體系，文章題目也好像東拼西湊，例如〈格言與箭〉、〈四大謬誤〉、〈錘子之言〉等，看上去令人摸不着頭腦。但書中有不少警語，卻一直為人津津樂道，比如「你想同行？還是先行？還是獨行？⋯⋯為了能夠有所欲求，人們必須知道他們想要甚麼。──第四個良心問題。」

又如「道德：人們必須向道德開火。」或「來自生活的軍校——沒能殺死我的東西，使我更加強健。」也許，這些警語是本書最能吸引一般讀者的地方。

不過除了適合「出 post」，尼采這樣書寫，背後也有深刻的根據：他認為警句和格言是永恆的形式，他甚至稱自己是這方面的大師！不過重點更在於他對現有體系哲學的輕蔑和批判，他認為體系哲學並不是真實的思考，只是蒼白的概念集合。如果一個國家歌頌這種哲學，便是衰敗文化的徵兆。

所以，深刻的書並不一定要是一本大書、一本學究書、一本理性分析的書。尼采說：「我的野心是：用十句話說出其他人用一本書說出的東西，——說出其他人用一本書也說不出的東西……」

思考該是充實生命

尼采認為高舉「理性」不一定就有真正的思考。思考和我們的身體、肉身和生命不能割裂，而身體一直被割裂了，這就沒有了思考需要的力量。偏偏，尼采面對的主流哲學就是康德哲學，他稱之為「哥尼斯堡式的」，甚至說康德是「畸形的概念殘疾人」。由蘇格拉底、柏拉圖到康德的哲學，都否定感官、否定生成、擺脫歷史、擺脫謊言（別忽略謊言對生命的重要性！），但對於尼采來說，這種哲學家其實是叫我們做木乃伊，否定生命。他們好像要去否定我們身處的這個虛假世界，一心追求真實的本體世界，其實是否定所有東西。這也屬於一種虛無主義。

柏拉圖會面紅嗎？我們已忘了柏拉圖是一個人吧？只剩下他的「理型論」
為大家所記。在此哲學家和他的思想割裂。蘇格拉底是一個願意為真理
而赴死的聖哲？為了真理，真的要死，真的要將真理和生命對立嗎？

尼采說：「只有散步時的思想才有價值。」他甚至把思想比擬成舞蹈，認
為它是一門技藝。他問我們是否知道「精神性事物中輕快的足，帶進每一
塊肌肉的那種奇妙的震顫。」思想和身體應該有一種聯繫，我們不只用筆
思考，還用筆跳舞。思考應是充實生命的一種活動。

尼采對思考和思想的看法，在當時可說別樹一格。不過，如果我們順著他
的思路去思考今天的哲學，我們的得着也許會更大。哲學是文化精神的
一種體現，有怎樣的文化就有怎樣的哲學。今天哲學研究的問題，大概可
說是繁瑣而「細眉細眼」的學術文章當道。學者終其一生，可能就是做這
種模仿科學的哲學工藝，哲學甚至成了一種營生的工具。哲學家／工匠如
何能用這種學術文章去帶領整個文化思潮，去思、去想，去充實生命？尼
采的那些發問，可能到今天仍是那麼的不合時宜，卻又是那麼的振聾發
聵！

另一本能讓我們好好了解思考是甚麼書，是心理學家丹尼爾・康納曼（Daniel Kahneman）的《快思慢想》（*Thinking, Fast and Slow*）。這本書不是一本思考方法的教科書，它只告訴你我們實際上「想」或者「思考」時，並不是我們想像中那麼理性，那麼整齊，那麼有組織。康納曼指出我們的大腦其實有兩個系統，系統一反應快，像直覺，能讓我們作快速反應，但它經常犯錯；系統二則是我們的邏輯分析，反應慢，同時要消耗我們較多的能量，所以我們往往懶得用它。

康納曼沒有說系統二比系統一優勝，因為我們如果只有系統二，根本生存不了。如在野外遇到蛇，我們要作即時反應；何況在現代社會，一個股票操盤人也不能想一整天才作一個投資決定。透過了解我們如何「非理性」地思考，我們才能較容易做正確的決定。因為有一些情況，我們無論如何都用不了系統二，因為時間太短促，但知道系統一傾向犯怎樣的錯，我們就較能避免。我們也可利用系統一，例如你去超市買紙包飲品，會不自覺受到飲品供應商的行銷方式影響。八盒裝的銷售量會比逐件購買更多，因為我們都不自覺地用了八盒這個「錨」作為參考點來決定購買量——這就是著名的「錨定效應」。了解我們怎樣想，比不斷說我們要理性來得更有建設性。因為思考有太多面向，不能只着眼於理性思考，更不要以為思考就只是邏輯。

17 論證言 耳聽三分假？

曾聽過一位流行作家說他從不看書，因為他不想寫作受人影響云云。如果真有人能這樣獨立，恐怕他也生存不下來。甚麼可以食，甚麼地方危險，甚麼藥有效，不是人家說的嗎？難道我可以自己「想」出來，完全不受他人影響？

我們的知識究竟有多少是第一身看到、聽到、聞到和摸到的？當然那位作家想說的大概是要保持獨立思考但是必須承認的是，大部分情況下，都是由他人告訴我們事實是怎樣，而我們的信念系統，無可避免要讓他人參與「建構」。

那些告訴我們甚麼是事實的，可能是同代人（必須提的知識來源，就是阿媽），也可以是古代的人，問題在於這些二手資料是否可信。在知識論的討論裏，則會討論證言能否成為知識。

大哲人洛克的看法很極端，他認為證言永不能成為知識。作為經驗論者的他，認為只有感知才能提供知識需要的「肯定性」。你看到某物件是紅色的，你立即肯定那不是黑色的。就算你有一個很可靠的朋友告訴你去年冬天維港結冰，他走過維港去尖沙咀，你也只能說這個說法很有機會是

真的，但你不能 100% 肯定，因為第一身經驗才有這種肯定性。

但是，看過電影《廿二世紀殺人網絡》或者《潛行凶間》(*Inception*) 的人，或會去質疑所謂第一身經驗也未必是真的，因為我們的感觀也可以出差錯。所以，第一身和二手資料的差距未必這麼大。如果你問洛克，他知道自己幾時出生嗎？他也一定會說不知道，因為「知道」一定要是第一身經驗，所以初生嬰兒不會知道自己實際出生的時間和日期。

相比洛克這麼極端的看法，還原論相對來說較為溫和。還原論者認為證言如配合感知、記憶和理由，也可作為獲取知識之途。舉一個例，我們說證言可作為知識，其實底蘊還要靠理由：A 君說此時此刻應放售某股票。A 君大部分時間的投資建議都準確，故此，A 君的證言可成為我們的知識。整個過程是推論性的，而不是單靠證言。

知者可以甚麼都不做

非還原論者則認為證言可以獨立於其他認識方法作為知識之源，或者和其他方法一樣基本，而且也是獨特 (distinctive) 的一種方法。意思是，如果有人跟我們報告命題 A，我們單靠他的報告也能獲取知識，而不需再靠其他途徑。

當然，如果報告的人又可靠，又真誠，知識的可靠性自然提高。但非還原論者更想確認的是，不論那位提供資訊者的素質如何，只要缺乏任何已有證據反對接受他的報告，聆聽者就無需作正面的知識工作，再證立自己為何要接受該證言。

另一方面，傳統知識論往往着重個人的確認，如果沒有個人對某知識的證立，就好像不成知識。這種看法和證言的進路很不同。證言的非還原論者竟說，就算「知者」甚麼都不用做也可獲得知識！這實在有點違反一般尋常認知。

大家都知道笛卡兒是西方現代哲學之父，他的重要性是確立了整個西方知識論的方向。在笛卡兒的知識理論裏，其他人都不可能給予我們知識。他那著名的「方法上的懷疑」，就着我先要懷疑一切，然後找出那不可以懷疑的。當外在世界是否存在都可懷疑時，別人的話當然可以懷疑。唯一不可懷疑的，是思想中的我：我思即我在。從此，我們對知識獲得的想像，就是一個孤獨的思想者依靠自己的理性判定信念是否為真。社會知識論正是想打破這種框架。在互聯網時代，我們也許要反思甚至修正一下自己背後相信的知識理論。

證言還帶出一個很有趣的問題，那就是如何將講者的信念傳遞至聽者那裏，無論是還原論者和非還原論者，大概都接受所謂「知識特性的傳遞論旨」。這論旨陳構較複雜，但有一個頗形象化的說明：救火時為傳遞水排成了一字長蛇陣，我要給你一個裝滿水的桶，我一定要有一桶滿的水！如

果你要傳給我一個有保證的信念，你本身也一定要有一個有保證的信念才成。

哲學其中一個「重要動作」就是設想反例，一個反例可以推倒「知識特性的傳遞論旨」。如果一個老師極不相信進化論（對他來說這不是有保證的信念），卻又在課堂講授進化論，學生是否也能接收到進化論當中有保證的信念？我想大部分人都會説是。

不過，這就好像你只得半桶水，卻能傳給人一桶水，很神奇呢！也很難解釋。只能説，「知識特性的傳遞論旨」並不是如此顯明，就算你對某信念不當一回事，也可以將該信念傳給他人。教師或者傳媒人可能會心驚，但其實這反映了知識並不在於提供資訊者的好壞，而在於整個信息/信念系統和網絡是否健康和堅實。

在日常生活裏我們都是摸着石頭過河，聽人講講，自己又看看想想，知識系統就這樣成立了。一問到哪個是最基本，才爆發無數的哲學討論。但討論一下，倒可避免「不聽人言」和「只聽人言」兩個極端。別説哲學家教你「眾人皆醉我獨醒」。

形上學

香港人應要知的40個哲學問題

「今天我」和「昨天我」是同一個我?

我可能已受哲學嚴重「荼毒」,每當聽到 Beyond《海闊天空》的歌詞「今天我」開始響起,沒想別的,在腦海中就會浮現哲學「自我同一」(personal identity)的問題。當然,我們都知道「今天我」一曲說的是理想。林海峰也有一首歌叫《今天我》講得更清楚一點:「今天我 / 在唱今天我 / 明天我 / 又再唱今天我」。這首歌帶出一個概念:今天我和明天我。在不同時間的「我」,真是同一個我嗎?

我過去很喜歡某女子,今天不再喜歡了。在我眼中,我仍然存在;在她眼中,我變了,今天的我不再是昨天的我——那個我死了。但我又覺得自己明明沒有死,我仍存在。過去的我和今天的我是同一個我。

甚麼是同?根據萊布尼茲定律(Leibniz's Law),A 可以說和 B 是同一的,只有符合「所有東西對 A 是真的,對 B 也是真的」才能夠成立。那麼孖生兄弟有相同屬性,是否可以說是同一人呢?我們可以說他們在「質」上是同一的(qualitative identical),但在數量上不是。數量上的同一(numerical identity)意指絕對、完全的質同一,並且只是談及一件物件自身的同一。A 和 B 雖是孖生兄弟,有相同屬性,但他們卻仍是指稱兩個人。

說回「自我同一」，「我」究竟是甚麼？「我」不就是我的身體嗎？但看看照片，早十年還烏髮滿頭的我，今天已是只有三條頭髮的大蕃薯（聲明：這只是例子，不是事實）。身體已變，可以說我已不是我嗎？

生存比同一重要

根據笛卡兒的心物二元論，我們除了有物質性的身體，還有屬非物質性的靈魂。即使我們的身體死了，靈魂仍然存在。不過，靈魂在科學世界觀下，很難說清楚是怎樣的一回事。因為靈魂是非物質，如何跟物質世界建立因果關係？

我們還有兩個很重要的判準去決定「自我同一」：一是大腦判準，一是心理判準。大腦判準可說跟身體判準相近，都是把「我」還原至身體或者大腦。「我」變得很清晰，但能否這樣「還原」則是另一個問題。想像一下，如果我的腦給了你，你是不是變成了我？

再想像，如果醫生要將大腦分成兩邊（左和右），放在兩個無腦的軀體，

那麼當軀體一醒來時，是不是有兩個「我」出現？還是左、右兩邊是兩個人，是我的「裂變」？

心理判準則較複雜。過去「我」的記憶、信念、性格等會影響到今天「我」的心靈狀態，我們可以說這有心理上的聯繫。不過，我們說同一，應該不容許有邏輯上超過一對一的關係，意思是過去「我」的記憶、信念、性格，理論上不應該可以和除了「今天我」之外有對應關係。如果有的話，那心理判準就不是好的「自我同一」標準。

我們再修正一下心理判準：A 在 t1 跟 B 在 t2 是相同的人，只有當 A 和 B 在心理上聯結及 A 的心理狀態並沒有在 t1 跟 t2 之間的時間有分枝（branch）。分枝的意思是我的心理狀態可以連結至多過一個大腦或者身體。

將這修正的心理判準，跟剛才分腦的例子放在一起討論，就有一個很奇怪的情況出現。根據不該有分枝的原則，我似乎要跟分腦醫生說，請將我其中一個分枝（左邊右邊都好！兩邊都跟「我」有心理聯繫）殺死，否則「我」就會消失了。其實不是讓兩個「我」都存在，才是雙贏嗎？

著名牛津大學哲學家帕菲特（Derek Parfit）在《理與人》（*Reasons and Persons*）一書中甚至認為分裂已說明了「同一」概念不重要："I am neither Lefty nor Righty"。做腦手術的「我」，不應該關心「我」是否延續，「我」只要關心「心理上的聯繫」，只要關心左右兩邊的生存就夠了。「同一」並不是問題所在！

帕菲特所說如果是真的，那麼自利主義就不能成立了，因為連「我」都不是關注所在，「我的利益」算甚麼？「背棄了理想，誰人都可以。」有人（不一定是「我」）生存就可以。如果，昨天我不是今天我，甚至「我」根本不重要，還執着甚麼？

你或會說哪有這麼複雜的哲學？人們不執着，只是失憶而已！

19 論人工智能 人類到底是甚麼？

人工智能（AI）看來已能打敗世上各項棋類競賽的所有頂級棋手，甚至可以預測股市走向。人工智能愈來愈厲害，但卻出現機械人將會取代人類工作的憂慮，輿論最後促成的竟然又是我們要提升競爭力的討論。可惜的是，我們錯失了反省自身的機會：我們自認是有心靈的動物，那我們製造的「人工智能」，跟我們一樣有心靈嗎？還是，我們跟人工智能沒有兩樣，都是一些極度複雜的程式，懂自己學習，有自我意識——我是誰？我們人類到底是甚麼？

機器可以思考嗎？它們有心靈和意識嗎？我們的人腦和電腦其實有甚麼分別？如果人腦和人工智能結合的計劃成功，我們還能以現在的方式理解「人」嗎？語言學家、認知科學家都在探討這些問題，哲學家又有甚麼話說？

心靈是甚麼？

過去有關 AI 的討論是：AI 不能做甚麼。但現在不用爭論的是，AI 能做到很多人能做到的事，甚至比人做得更好。可是 AI 是否跟人一樣，懂得思考，有心靈和意識？

我們要知道現在的 AI 往往是設計來處理特定問題，AlphaGo 就只懂下棋，這當然不能和在不同情況下都能認知、能感受、能決定、能創作的人比較。我們去跟人比較的 AI，其實是指 artificial general intelligence（AGI），也就是所謂「強的 AI」，像人一樣會隨環境學習、改變和適應。

美國哲學家德雷弗斯（Hubert Dreyfus）用一個很有趣的觀點來反駁這種人工智能的可能性。他指出人的智能建基於無意識的本能，而非有意識的符合控制。我們常以為電腦是用程式運作，其實人腦也是如此，只要找到這些程式或者規則，就可以製造出「思考」。但我們的思考真是這樣的嗎？

電腦科學家高德納（Donald Knuth）指出，大家只集中在 AI 可以做我們「想」的東西，但忽略了動物不用多「想」就能做好的東西。如行為心理學大師、諾貝爾獎得主丹尼爾・康納曼指出，「想」並不只包括慢思如邏輯思考，還包括運用直覺的快想。這就不能不注意我們的身體，種種生理學層面產生的本能、直覺和慾望的「思」，是否可以為 AI 所擁有。

「人」由人性和行動塑造

不過，這不代表我們不可能掌握直覺式思考，並運於人工智能。物理學家德意志（David Deutsch）便提出一個很核心的信念：直覺、本能也不能違背物理定律，只要找出神經背後的物理和化學原理，我們就可更完整地看到我們怎樣「思考」，從而應用於人工智能上。

除非我們相信心物二元論——靈魂和肉身是可以分離的，否則，原則上AGI 最終可以成立。雖然我們是有機物，AI 是金屬製品，但彼此最終共同分享相同的能力，正如手寫的信跟電郵都可以有相同的功能。

但是，為何笛卡兒式的心物二元論在今天仍有市場呢？一來，這是因為宗教的原因。如果沒有靈魂，人死如燈滅，談不上最後審判、談不上輪迴，談不上上天堂。二來，我們自省的經驗十分真實。我能想「我的思想」，怕「我的怕」，這種「想」不會是物理狀態——而且，只有我才能進入我的心靈狀態——這就是我有心靈的最佳證明。

但是，我想如此不等於實際如此，看來如此也不等於實際如此。不過，我們要跳出這種似乎最基本和最真實的「看法」，恐怕要對整個信念系統作出翻天覆地的變化。

哲學是解開 AI 的鎖匙

德意志説哲學是解開 AI 的鎖匙。他對哲學的理解是哲學可以對概念作澄清。他相信澄清之後，人們會明白 AI 其實跟人沒有分別。物理構成上當

然有分別，但擁有人格這一點則沒有分別。不過，哲學不只作澄清，還愛進行規範性的探討。規範性的探討是關注甚麼應該，甚麼不應該，最具代表性的當然是道德思考：我們刪除 AI，是否等同謀殺？又例如我們只是給 AI 寫新的程式，而非像小孩的教育，又是否道德？AI 是否跟我有相同的地位，可享有各種權利？

動畫《攻殼機動隊》探討人如果和機械結合時，我們到底是甚麼？故事裏的素子，雖然是機械人的身體，卻選擇了用人類的行動來界定自己，用「人類」的行動展現了人性。這優美的解答仍然留下一大堆問題：當 AI 發展到有人類的情感和思想時，AI 也可以作那些人性化的行動，比如追求正義、利他，能為價值犧牲等，這時候，它（他／她）是否跟我們一樣享有各種權利？它（他／她）是否屬於我們的道德社羣？

按照道德哲學家彼德・辛格（Peter Singer）那擴展關注圈的看法，我們考慮的是生物的感受能力，會不會受苦，而具感受的動物因此都應該在道德團體中。我們不應將牠們當作食物，或者隨意傷害牠們。那麼當未來的技術再進一步，AI 會哭、會笑，又擁有高度的智力，我們如何否定它們的道德地位呢？

當然，問題還是回到原點： AI 真的有心靈嗎？在研究 AI 更多更深更廣的時候，我們或會發現心靈其實跟電腦程式沒有兩樣，或者兩者的確有根本性的不同，這都是我們未能預料的。科學探究最終會改變我們對人是甚麼的看法。

20 ｜論時間旅行｜回到過去，可以嗎？

中年人愛懷舊，想當年。感性的，可以學周杰倫唱「想回到過去 / 試着讓故事繼續 / 至少不再讓妳離我而去。」作家 H.G. 威爾斯也寫過《時間機器》（*The Time Machine*），電影《未來戰士》（*The Terminator*）又說 2029 年的人工智能機器把魔鬼終結者送回 1984 年，試圖消滅所有倖存的人類。電視劇更是穿越停不了，歷史人物經常來到現代，超時空要愛。

回到過去，真的可以嗎？

這裏，我們不談時光機在技術上是否可能，我們只談哲學上「回到過去」是怎樣的一個概念，和問它邏輯上「如何可能」。

討論之前，我們先要了解英國哲學家麥塔格特（J.M.E. McTaggart）的「A系列」和「B系列」兩個概念。A系列是相對的，會有不同的位置。比如一件未來事件（如我將結婚），它可以變成現在的（我現在結婚）。現在的事件（我現在想念你）可以變成過去。過去的事件（我曾讀 XX 中學）可以變得「更加過去」。

在 B 系列的事件是不會變的。如有「曾瑞明在 1980 年出生」這一事件，那麼在任何時候「曾瑞明在 1980 年出生」都是真的。

必須注意的是，每件事件都存在 A 系列和 B 系列，而有關時間的哲學討論，就圍繞在 A 系列基本，B 系列基本，還是 A 和 B 都不基本。

美國哲學家大衛·劉易斯（David Lewis）在〈時間旅行的悖論〉一文中，一開始就澄清時間旅行的觀念。首先，時間旅行不只意味着我們可以回到過去，也可以走向未來。劉易斯區分了個人時間和外在時間，當我戴着手錶去時間旅行，我手錶的時間是我的個人時間，而百年前的「旅程」則是外在時間。我可以花「一天」回到百年前。

很有趣，劉易斯說個人時間並不是真的時間，而是用作確定我們個人身份的。當我進入時間機器前和離開時間機器後的「我」，如何保證是同一個人？個人時間就是一個重要的參考點。

表面上時間旅行說得通，但還有一個大問題，就是倒後因果的問題。大家看過動畫《叮噹》（現譯《多啦 A 夢》）就會明白當中的問題了。未來的大雄想回到過去改變他要娶技安妹妹技蘭的事實，但是有因才有果，A 是因，B 是果。但現在是已有果 B，而去改因 A。果先於因，如何說得通？

還有另一個問題是因果循環。它是指事件在一個環，它們互相解釋一事件的發生，但整個環的因卻難以解釋。想像一下，如果未來的我教我做時間機器，現在的我因此懂做時間機器，這才解釋了為何未來的我懂回來教我做時間機器。但問題是，為甚麼未來的我懂做時間機器？因果循環可

能嗎？不過，也有人覺得如果上帝創造世界或者大爆炸都是因果循環，為甚麼時間旅行、回到過去會不可能呢？

最後，我們當然想知道時間旅行者可不可以真的改變過去。如果我們還未忘記 B 系列，當知道過去的事件不會變。發生了的不能不發生，沒有發生的不能讓它發生。

早點殺死你

劉易斯舉了一個很有趣的例子：Tim 很恨他的教父，與此同時他有錢能製造一個時間機器。他希望殺死他的教父，可惜，他在 1957 年已死。Tim 想他早點死，於是回到 1920 年，買了一枝槍跟蹤他的教父，準備殺死他。

Tim 能殺死他的教父嗎？如果他可以的話，豈不是將「他在 1957 年死」這事件推翻，而新添了「他在 1920 年死」這事件？

劉易斯認為不能夠。可能在 1920 年那天 Tim 手震，或者手槍壞了。我們又要用另一套解釋說明他為何不能殺死教父。但如果 Tim 再試一次呢？

十次呢？很多次呢？那似乎就要用十分奇怪的解釋才能説明為何 Tim 總不能殺死教父。

再説 A 系列和 B 系列的討論。一些學者認為只有「現在」才真實，他們被稱為「現在主義」。過去也是真實的，未來則不是。如果這樣的話，未來有何處何去？時間旅行至未來也不可能。

要回到過去，不如展望一下將來──起碼邏輯上可能。

論因果 | 「因為，所以」
是怎樣的關係？

在批判思考中，往往會找出一些實用的規則提醒我們不要將兩件事件的相關聯繫（correlation）誤以為是因果關係。原因可能是眾多複雜的，不一定是單因。相關的事件可能有相同的原因，而不是因和果的關係。

這些實用的規則當然已經有一定的哲學預設，就是確實有因果與聯繫的區分，而不是休謨所想的只是心理構作。康德認為因果關係是我們理解世界的重要範疇，英哲休謨則會批判因果關係只是心理學上的聯繫，是我們把前事和後事聯繫的一種習慣而已，事件與事件之間其實沒有必然的聯繫。

哲學形上學就是處理甚麼是因果關係的問題，當中的討論還包括科學中的因果關係如何能成為律則、因果律跳升至自然律是否會導致決定論，會否扼殺自由意志等重要而又複雜的課題。

哲學家企圖定義因果，其中一個是規律性理論（regularity theory），它提出：

> A 導致 B，當且僅當（if and only if）A 發生在 B 之前，和 A 類型的事件總是伴隨着 B 類型的事件。

哲學思考往往離不開提出一個定義，批評者則樂於找反例。我們可以設想一些情況：（1）A 不是發生在 B 之前；（2）或者 A 類型的事件並不總是伴隨着 B 類型的事件，但 A 的確是導致 B；（3）或者滿足了以上的條件，但 A 不是 B 的原因。

（1）有沒有倒後的因果（backward causation）？A 導致 B，但 B 在 A 之前。

（2）我們説 A 導致 B，並不一定要將它説成一種無例外的概括，我們只是説一件個別事件。規律性理論卻將因果關係限制在普遍性的表達上。

（3）我們可以假定 A 在 B 之前，但 A 不是 B 的原因。不過 A 類型的事件總是伴隨着 B 類型的事件，因為 A 事件只發生一次。但根據定義，A 又一定是 B 的原因。

另一個理論是反事實的理論（counter factual）。反事實的意思，是如果一事件沒有發生，另一事件也不會發生。如果我沒有娶你，你也不會嫁我。如果沒有吃那杯過期乳酪，我不會肚子痛。

反事實的理論提出：

> A 導致 B，當且僅當如果 A 沒有發生，B 不會發生。

聰明的你，應急不及待找反例。

A 導致 B，但不是 A 沒有發生，B 就不會發生。舉一個例子，如果我和你都想燒掉《純粹理性批判》這本書，最終你燒掉了它，A（你燒的動作）導致 B（書被燒掉了）。但就算 A 不發生，B 都會發生，因為我也會燒書。

在一些情況下，A 和 B 導致 C。但是沒有 A 或 B，C 還是會發生。如果根據反事實的理論，A 不會是 C 的原因，B 也不會是 C 的原因。舉一個例，同時喝了變壞的牛奶和吃了有病毒的牛肉，導致我身體不適。沒有其中一個原因，我還是身體不適，但我不能因此否定我喝的吃的，不是令我身體不適的原因。

甚麼是因果關係？你不問我，我還明白，你一問我，我就糊塗了。定義是極困難的，你也許會問我們花這些心思究竟在做甚麼？但至少這些哲學訓練，會令我們在說和聽「因果關係」時，更敏感，更小心。

通識科的因果關係

在新高中課程的通識科裏，我們可以找到很多牽涉因果關係解釋的內容。然而，格式化處理或者考試化處理，都會將因果關係簡單化，或者扭曲

了對事情關係的理解。兩種主要的扭曲是：（1）將不是因果的關係視作因果關係；（2）混淆社會科學因果解釋與物理學界因果解釋，沒有在方法學上釐清「導致」的意思。最壞的結果是學生誤以為一些社會狀況為鐵律導致，因而扼殺了改變的想像。

考評局「香港中學文憑考試通識教育試卷二」的其中一條樣本試題如下：

> 「社經地位低是導致本港家庭暴力發生的主要原因。」你是否同意這說法？試參考以上漫畫及就你所知加以解釋。

直接和間接原因沒有一個清楚區分，這條問題所述的主要原因也是概念不明。怎樣才算得上是主要原因？在日常語言裏，我們常用「主因」一詞，但是我們卻未必有區分主、次的標準。

學生在考試期間當然也不可能做甚麼研究，於是唯有作主觀臆測。首先，考試題目已規定了社經地位低是一個因素（討論的只是主因與否）。然而，醉翁之意不在酒，評卷的老師只期望考生臚列導致本港家庭暴力發生的眾多原因，而非真的討論那是否主因。（有其他原因不代表那不是主因，因為主因和次因可以同時存在。）評卷的老師只想知道考生是否掌握了社經地位和家庭暴力的關係，同時是否明白家庭暴力和其他因素的關係。總括而言，出卷者預設了答案的多因，只是以問題為幌子，即學生無論立場如何，都要將所有導致本港家庭暴力發生的因素臚列。那麼，提出「主要原因」的概念又有甚麼意思？

批判地認識因果關係，是我們正確認識世界的起步點。教育不能忽視這點。

22 | 論命定 「怕發生的永遠別發生」？

一部載有逾 235 人的香港航空客機，2017 年 9 月 4 日中午由日本
北海道起飛往香港途中，機長發現機艙氣壓驟減要緊急折返當地機
場，其間客機 8 分鐘內急降近 3 萬呎，幸最終順利安全降落及無人
受傷；事故原因有待調查。

這是我某天看到的新聞，一宗你我在一星期後會完全忘記的新聞。但困
惑我的，不是有待調查的事故原因，而是「一部載有逾 235 人的香港航空
客機，2017 年 9 月 4 日緊急折返」這一句子在 100 年前是否已是真的。

如果是真的，那麼這件事可說是命定了。在 9 月 4 日當天，無論機長做
甚麼，或者機場做甚麼，那部香港航空客機都會載有逾 235 人，都會緊急
折返。

命定論（fatalism）的看法是，只有一個實現了的未來。如果任何命題 P，
它在現在是真的，那麼它在過去任何時間都是真的，那麼未來其實在過去
已經寫下了。形象一點說，如果我們找到一本書，當中記錄世界所有命
題，我們就會看到要發生的，一定要發生。又或者全知的上帝一定會在
「現在」知道未來發生甚麼事，那麼我的「未來」其實現在已被命定了。怪

不得少女都要祈禱:「祈求天父做十分鐘好人。」

這當然震撼每一個弱小的心靈。我以為自己選擇做的事,原來都是命定的?我沒有自由意志,我談不上要為自己的行動負責,道德的基礎會崩潰。

要否定命定論,我們可以留意它有沒有混淆了不同的向度。「一部載有逾 235 人的香港航空客機,2017 年 9 月 4 日緊急折返。」這命題有兩個向度,一個是 A 系列,一個是 B 系列。在 A 系列裏,事件在時間裏是相對的:在 2017 年 9 月 1 日,「一部載有逾 235 人的香港航空客機,於 2017 年 9 月 4 日緊急折返。」是未來,是未發生的。在那一點,這命題並不是真的。但命定論卻只看絕對的 B 系列,把事件絕對化,從而推出未來的事件在過去已被決定。

自由意志受威脅

另一個威脅我們自由意志的看法是決定論(determinism)。決定論指出根據自然律和宇宙的狀態,過去的事件會決定今天你做的事。你現在看我這篇文章的這一行為,也是因為過去的事件決定的。別問我整個過程是怎樣,太複雜了!但你可以想像,那可能與看書看似完全無關的一個複雜事件串連。

無論如何,你不能不看這篇文章,你不是自由的去選看這篇文章。不過,不是所有決定論者都認為決定論一定講不上自由,持這種看法的人,被稱為「調和論者」。跟他們相反的人,就是「不調和論者」了,在他們眼中,自由意志跟決定論不能結合。

在這裏，我們多談一點「調和論者」的看法，因為如果他們成功的話，在科學世界觀下的我們還保得住講求自由意志的道德和宗教。

在調和論（compatibilism）者眼中，我們日常說自由意志，並不在於甚麼決定論，而是沒有限制。沒有限制，就是自由。如果你拿一枝槍叫我送這本書給你，我就是不自由的。如果沒有槍，但我送你一本書，這就是自由的行為。

但是，就算你拿一枝槍指着我，我也許還是自由的。我可以選擇反抗，選擇漠視，我的「自由度」少了，但我仍是自由的。可見，限制並不是斷定自由與否的唯一標準。

那麼自由是甚麼呢？決定論（甚至是命定論）的威力，就是令要守住「自由意志」的朋友，不能解釋我們能否進行除此之外的事。你只有一條路，你必須行那條路，這還算是自由嗎？

哲學家法蘭克福（Harry Frankfurt）的看法很有趣，他認為自由意志並不建基於「能做除此之外的事」，而是建基於我們是否根據自己的信念和慾望行動。

他提出了一個有趣的思想實驗：小明計劃去打劫銀行，他等候適當時機就會採取行動。整個計劃與一般行劫無異，只有一個不為人知的小秘密。

原來，有一隻邪惡至極、愛打劫的邪靈偷偷走進了小明的腦中，監視小明的一舉一動。如果小明忽然「良心發現」，邪靈就會採取行動。換句話說，小明怎樣都會去打劫，他不能「做除此之外的事」。

事實是，小明意志相當堅定，他鐵了心去打劫，邪靈無需行動，只需靜心觀賞。

你認為小明有沒有自由意志？是否要為其行為負責？直覺上，整個計劃的構思和執行都是小明一手包辦的，他怎會不用負責？怎會沒有自由意志？但事實上，他的確只有打劫這一條路，因為即使他突然良心發現，邪靈也不會放過他。

不過，最重要的是甚麼？是結果，還是過程？過程中，如小明真的按他的信念和慾望行動的話，怎能說他不自由？自由也不保證結果合乎意願。法蘭克福因此作出結論：我們是否自由，建基於我們是否根據我們自己的信念（beliefs）和慾望（desires）行動，而非「能做除此之外的事」。

「祈求天地放過一雙戀人，怕發生的永遠別發生。」如果要發生的就算要發生，我們也未必要祈求天地，而應該反躬自身的信念和慾望。

23 論信仰 如果有神

住宿舍的大學生也許曾有此經驗：在一個炎熱的晚上，蚊子不息，你跟鄰房那個物理系的男生討論上帝是否存在。他是基督徒，說很多東西連物理定律都解釋不了。你和他辯得面紅耳赤，突然發現天已亮了，於是一起去飲早茶。後來發現，以後你再也未如此認真過。

其實，有機會嘗試用理由去證明一件事，而且是這麼一件大事，機會很少，也很珍貴。因為你會發現這樣的爭論很難持續，人們很快就會訴諸信仰，對話隨之終結。信仰（faith）很奇怪，它似乎與證立無關，與理由無關，很視乎個人的角度。另一方面，一些人卻會將信仰的威力放到很大：信則有，不信則無，而這往往是在宗教討論中常聽到的話！

我就曾親身聽過這種「論證」：

> 你如何得知生物是上帝設計的？
> 《聖經》說的。
> 為何《聖經》說的就是真？
> 因為《聖經》是神的話語。
> 為何《聖經》是神的話語？

這是我的信仰！

首先，信仰未必只指涉宗教，或者信與否。死後還有沒有生命、有沒有精神世界、外在世界是否存在，可能都只是訴諸信仰，而非經過甚麼推理和論證。另外，信仰是否真的很個人？我們看到的是往往是一羣人分享共同信仰，為甚麼會這樣？另一方面，宗教也不一定只靠信仰，它也牽涉辯論、詮釋、權威和感官經驗。

不過信仰可能是最迷人的。在《創世紀》中，記載了阿伯拉罕接受了神的試驗，把自己的兒子以撒獻祭。丹麥哲學家祈克果有所謂「信仰的跳躍」，你願意委身，你願意行動。信仰給我們的是一種很特別的知識，可以違背一般常識，甚至違背道德。

上帝存在是分析地真

讀哲學的人，一定有一段時間沉浸在邏輯經驗論，喜歡它的簡單直接。邏輯經驗論者提出一句語句是有意義的，要麼是分析命題，要麼是經驗命題。分析命題是指那些必然為真的命題，例如「王老五是未婚漢」、「三角形有三隻角」、「所有婦科醫生都是醫生」。這些語句的真是因為字詞的意思，如果我們知道王老五是甚麼意思，那麼我們知道王老五必然就是未婚漢。

綜合命題是指那些要透過考察世界才能得知的命題。比如「王老五是不快樂的」、「外面有三個人」。這些都不能靠分析字詞就確定命題的真假。邏輯經驗論者更進一步說，只有那些能透過「驗證」（verification）的句子（如不是分析語句），才有認知意義。

那麼「上帝存在」，是分析語句還是綜合語句？

這就帶出幾種證明上帝的「方法」。本體論證（ontological argument）就企圖只用概念分析來證明上帝存在。這麼說，上帝存在是一個分析語句，由上帝這概念就推出祂是存在的，而且這句必然地真。中世紀意大利哲學家安瑟倫（St. Anselm）就曾經用這論證去證明上帝存在。

本體論證的形式是這樣的：

(1) 沒有東西可比上帝更偉大 。
(2) 上帝要麼只在我們理解中存在，或既在我們理解中存在和現實存在。
(3) 如果上帝只在我們理解中存在，那即是有一比祂更偉大的東西存在，那就是一種擁有上帝所有特質，但同時在我們理解中存在和現實存在的東西。
(4) 但沒有東西可比上帝更偉大。
(5) 所以上帝不能只存在於我們理解中。
(6) 所以上帝既在我們理解中存在，也在現實存在。
結論：所以上帝在現實存在。

哈哈，很「屈機」吧？我們要問的是，存在是一種屬性嗎？這問題由康德提出，他問我們能否說上帝不存在？有沒有邏輯矛盾？似乎沒有。我們說上帝「不存在」的意思，不是說上帝沒有存在的屬性，而是否認現實有上帝。

另一方面，概念的存在並不保證概念指稱的東西存在。我們規定（stipulate）一個概念，例如「無缺點的美女」、「完美的島」、「最偉大的獨角獸」，都不能保證他（它）們存在。他（它）們是否存在不在於我們的概念使用。關鍵是事實上他（它）們存在嗎？

至於宇宙論的論證（cosmological argument）和目的論的論證（teleological argument）則是根據一些偶然的、經驗性的前提來建立。比如宇宙論的論證就由我們宇宙偶然存在的事實，推出必然有一非偶然或者必然存在的東西創造整個宇宙。目的論的論證則建基於我們的宇宙和地球如何精緻和複雜，來推斷有一設計者存在。

在此，我不花筆墨討論兩個論證的優劣，反而想讀者思考宗教和科學的關係。這些論證，我們或會歸類於宗教、哲學討論，但既然它建基於事實，它是否可以放進科學裏討論？哲學家內格爾（Thomas Nagel）在一篇名為〈公共教育和智慧設計〉的論文中指出，反對智慧設計論是科學的人，面對一個兩難：要麼他承認有一個設計者是可能的，或者不承認。如果他不承認，他必須解釋為甚麼沒有設計者的信念比有設計者更科學。如果他認為一個設計者是可能的，那麼他可以爭辯說其他證據都與有這個設計者相違，去證明這個可能性並不大。但他卻必須承認智慧設計論是科學的解釋，並指出智慧設計論「在科學上」是錯誤的。他和提出智慧設計論的人做的其實沒有兩樣，都是進行科學討論。

宗教跟科學其實並不容易截然分開，因為宗教可以科學的形式出現，科學亦可成為時代的宗教。在這號稱「科學」的世紀，內格爾提醒我們該更小心安置宗教的位置，不要走進「非宗教即科學」或「非科學即宗教」的陷阱。

宗教的答案的確未必盡如人意，但我們卻不要因此讓一些重要而深刻的問題遺失了。

姑勿論有沒有神，「如果有神」，已讓我們較有虔敬之心了！

香港人應要知的 40 個哲學問題

社會哲學

「可持續發展」是萬能 KEY？

通識教育科標榜批判性思考，這當然值得鼓勵，畢竟這是培養慎思明辨的公民不可或缺的特質。然而，如果所謂「批判」只是利用一套不加反思的框架，那麼批判只會是一道喃喃自語的符咒，鸚鵡學舌，反而鞏固了另一種偏見。在目前的香港，「可持續發展」恰恰成了很值得討論的例子。在學校裏，不少學生和老師都抱着「這是一個萬能 key」的心態去運用這概念，特別是通識科考試強調運用相關概念，在一些考試題目，比如溫家寶總理談「低污染、高安全」或者「十二五規劃」節能減排時，在答題參考中都期待學生運用「可持續發展」的概念，這樣就更令此觀念變得更流行。不過，不僅在學校，在社會上我們也是如此不加批判地在公共討論裏濫用這概念，據我粗淺的觀察，環保團體罕見質疑這概念，大概因為「可持續發展」是一個政治正確的口號吧。

那麼，甚麼是可持續發展呢？其實這概念已經流行好一段日子，源於 1987 年由聯合國環境與發展世界委員會（WCED）的《布倫特蘭報告》，當中提出我們應對窮人的需要給予優先考慮，和要對社會組織和科技作限制，讓環境能應付現在和將來的需要。根據香港政府網頁，他們心目中的可持續發展是根據聯合國環境與發展世界委員會的報告，即「既能滿足我們現今的需求，又不影響子孫後代能滿足他們的需求的發展模式」，這

表示可持續發展是一種跨世代的發展模式。另外一層意思是「使經濟及社會發展與保護環境的需要全面融合」，也就是説不會因為經濟發展而放棄保護環境。然而，報告未有清楚提及會否因為保護環境而放棄經濟發展，這可是很重要的問題，而經濟、環境和社會中，哪個層面較為首要也未有指涉。

應然意味着可以

可持續發展大概是一個理想的目標，那是屬應然的層次。但是，應然意味着可以，意思是如果可持續發展根本不可能，那麼談應不應該也沒有甚麼意思。情況等於説我們不應該殺死任何生物，包括微生物，這是不可能的，也因此説「應該怎樣怎樣」也沒有甚麼意思。朱子説：「飲食者，天理也；要求美味，人欲也。」意思就是飲食沒有甚麼應該不應該，但是否應該追求美味則是一個可以探討的問題，因為人欲是可以控制甚至遏制的。

究竟可持續發展是不是一個可以實現的理想？在本地的層次，例如在南生圍興建豪宅，而又留下一些土地作保育用途。建屋肯定會破壞自然，同時

創造經濟價值，但對環境的影響則不可逆轉。那麼，我們在甚麼意義下可說這是「可持續發展」？環境保護又是甚麼意思？

再進一步推演，如果經濟發展代表國民生產總值的增長率，就算我們把增長率減至零，也不代表環境就可以被保護了。在此我們可以說，環境的價值不可量化為經濟價值，即經濟和環境未必可共量。要說經濟和環境發展價值平衡，談何容易？

如果從全球層次去看這個問題，我們都知道全球化下發達國家在發展中國家大量設廠，當然給發展中國家提供了就業機會，但同時也會大幅破壞該國的環境。這時候，我們就很難判斷經濟發展如何和環境保護取得平衡。我們該判斷哪些人的可持續發展呢？因為兩個國家中是不同的兩群人，某國的可持續發展，可能是以他國的環境傷害為代價。如果還要考慮對這些國民將來世代的影響，要判定就更加複雜了。如果僅僅靠經濟學家的公式來計算影響，那豈不落入了經濟中心論的圈套？

真的是一個可欲的理想？

回到所說的應然理想，進一步我們會問，可持續發展真的是一個可欲的理想嗎？說到底，它仍是一種「人類中心主義」的格局。為甚麼保護環境不是因為自然環境本身有其價值，而是因為它可持續地「滿足」我們的需求？這僅僅是另一種「謹慎行事」的說法而已，對於自然環境不見得就會有一份敬愛。然而，我們的需求怎樣塑造和怎樣形成呢？那些需求是否真的有「必要」？這些都是我們信口大談「可持續發展」時被忽略了的問題。

專門研究可持續發展的域卡夫教授（Michael Redclift）在《可持續發展：發現它的矛盾》（*Sustainable Development: Exploring the Contradictions*）一書中就指出，「可持續發展」有兩個理論和實際之間的矛盾：一是如果我們不能依靠市場，即經濟力量去達到環境保護，我們就要靠國際約定、政策或規劃去達到這個目標。然而，我們主流的做法只是減低外部效應，即在經濟發展時減低對環境的損害，而非考慮應否為了保護環境而減少經濟發展。

第二個矛盾是發達和發展中國家的政治鬥爭。發達國家口口聲聲說要保護環境，保護物種，然而她們卻在發展中國家中操控自然資源，造成破壞，以滿足自身的經濟利益。就算她們本國做到所謂「經濟和保育取得平衡」，但其實是透過「我請客，你付鈔」的方式來達成的。因此，當我們談及可持續發展時，應該用全球、國際的視野來思考。在通識教育科裏，一直未有仔細論及全球經濟和政治秩序對環境的影響，令到當中的局限性未能適當地呈現。更根本的問題牽涉到市場的界限在哪裏，引致不平等的「全球秩序」如何破壞經濟、環境和社會等更尖銳而核心的問題。

25 論代議 | 約定去投票，齊來做本份？

9月10日齊投票

陳奕迅 ：約定你哋啦。

容祖兒 ：約定你啦。

一齊 ：9月10號約定你去投票，一齊盡公民嘅本份。

陳奕迅 ：約定你。

容祖兒 ：一於咁話。

不知大家記不記得，當時是香港回歸後第二屆立法會選舉投票日。兩位著名歌手提醒我們去投票，理由是投票是公民的本份。

我自幼就深受這個想法影響，但愈長大就愈懷疑，投票不是我的權利嗎？如果那是義務，為何不強制投票？又如果我真的不知怎樣投，亂投也算盡了公民本份嗎？

該怎樣投票

讀了美國政治哲學學者布萊南（Jason Brennan）的《投票倫理學》（*The Ethics of Voting*）一書，可說叫我一洗自幼接受了「投票是公民責任」的看

法，原來棄權投票也可以是道德的表現。《投票倫理學》開宗明義說：「這
本書的目的是斷定公民應否投票和他如果選擇投票時應怎樣投票。」

所以有這種看法，是因為布萊南認為選民有權利投票，不代表他們應該投
票。如果他們不理性、無知，或不能以公心投票，那他們不但可以不投
票，甚至應該（在道德上）不去投票。當然，這不等於有人應阻止他們投
票，因為這是他們的法律權利。

2016 年美國大選，投特朗普一票的人當然有其法律權利投票，去選擇總
統，但這是否代表我們不能批評這些人呢？我們甚至可以問，那些選民是
否作了不道德的決定呢？理由是那些選民竟然支持一位滿口「歧視、侮辱
語言」的候選人。如果一位候選人明顯會為社會帶來傷害，投票給他的人
豈不也是共謀？

投了票並不等於盡了公民責任，關鍵在於投了給一位怎樣的候選人，以及
這選擇是否合乎公眾利益。

不理性的選民

不得不承認，在民主社會從來都不會有全部理性的選民。不少人指出，美國一些選民對被選者其實不清不楚，如 2009 年一個調查就發現，在新澤西州有 8% 的選民相信奧巴馬反基督，19% 人認為喬治布殊一早知道會有 911 襲擊。

經濟學家布賴恩・卡普蘭（Byran Caplan）在《理性選民的神話》（*The Myth of the Rational Voter*）一書中，也指出選民有不少偏見，例如認為外國人剝削本國人，因而支持貿易保護主義；或者把保留職業崗位視為經濟發展的目的。在屬右派的卡普蘭眼中，這當然屬不良政策，但民主制度卻讓這些信念得以流行，甚至最終得到落實。

不過，這不代表我們要否定民主制度，布萊南也並沒有因此推出放棄民主制度的結論，他只是認為這些不理性的投票者如果參與投票，會降低選舉的水平，因此他們應該棄權。

這當然會引來反對意見，因這論點侵犯了選民的自主權。但是布萊南爭辯，當我們求學時，會接受老師的指導、意見，因為我們經驗未夠，學力不足，但這和我們的自主權並無關係。「我」仍是自我控制、自我掌握和自我立法的。

也有另一些意見認為，將投票和自主權聯上，是因為我們選出立法代表，在這意義上我們是立法者，我們是在自我立法。如果我們棄權，就好像對法律失去了創作權，法律就強加於我們身上。布萊南反駁說，如果棄權投

票的人就不是立法者，那麼如果選民支持的候選人落選，他們也不可算是立法者了。在一個民主社會，就算我們投票輸了，我們仍然是立法者；如果我們經過自我反思，有意識地棄權，也不算失去自主權。

政治參與一定是好的？

我們常慨嘆香港人「政治冷感」，言下之意是期待香港人更積極參與政治。布萊南在其後的《反對民主》(*Against Democracy*) 一書就提出了另一個問題：「我們經常鼓勵人們更多參與政治，那他們應該參與多少才算好？」他認為政治學者過分美化民主和政治參與，認為政治參與愈多愈好。

也許更理想的，反而是人們只花很少時間參與政治，其他時間拿來畫畫寫詩繡花。布萊南的理由是，選民當中有的是甚麼都不知不懂，或者只對自己的政見狂熱、忽略其他可能性的人。他指出政治參與並不對所有人都有益，甚至可能會令人腐敗，因人們會視持不同意見的對方為仇敵。這一點對於在當下追求「大和解」、「和諧」的香港人來說，是很可以理解的。但他更進一步推演，認為每個人都能投票，或者被選，並不該是我們的基本權利，這是因為普選引發人們作無知和不理性的決定，而且這些決定會

傷害他人。在他眼中，民主社會在眾多系統中的表現已算最好，不過，如果能夠鼓勵缺乏能力的人不參與政治，甚至限制他們參與政治，才是對民主最好的結果。

政治參與除了量，還有質，這方面依靠一個地方整體的公民素質，這當然不是先天就有，而是需要有好的教育和公共空間。可惜我們的教育並未有真正重視政治參與的重要性和價值；這方面的工作都必須完善和持續地做下去。我們是否應該相信選民的素質會自動提升？民主選舉是不是一次使人自我反思和學習的機會？雖然您未必完全同意布萊南的結論，但他的確提出了一個很好的問題。

26 論民意 公共空間與社羣

在香港的公共討論裏經常會聽到「尊重民意」此一說法。但甚麼是民意呢？民意為甚麼要尊重？民主與民意有沒有分別呢？

在民主社會，民意就是塑造政策的其中一個重要元素。投票，甚至公投，也是一種反映民意的過程，政黨自然傾向尊重民意，可見民意重要。盧梭認為如果一個個體不願意受普遍意志（即民意）所限制，他甚至不能算是公眾的一份子。

不過，民意可以被操控。柏拉圖曾說意見不等於知識或者真理，那「民意」的價值何在呢？是因為它是「民」的意見？如果我們一起投票要引發世界大戰，主政者是否就要跟從呢？

民意也往往短暫，我們如何保證根據民意的決定能符合長遠的要求？如果我的意見跟「主流民意」不符，是否代表我一定要讓路？這豈不是多數人的專政（tyranny of the majority）嗎？

民意在保守主義者眼中，往往很可以被懷疑。草擬美國憲法的漢密爾頓（Alexander Hamilton）曾說：「人民的聲音傳達到上帝那兒；但無

論這格言如何被引用和被相信，它都不是事實。」著名美國記者沃爾特．李普曼（Walter Lippmann）1925 年的名作《羣眾幻影》(*The Phantom Public*) 就把羣眾說成是「幻影」般不真實，不可靠。現代生活何其複雜，人們連閱讀時間都欠缺，何來精力去讀各種報告書，對公共事務作判斷？如果大家都在無知當中，那建基於其上的民意有何可依？而且歷史告訴我們，國家往往利用民意發動戰爭，一戰如是、意大利法西斯冒起如是。任期最長的英國外交大臣愛德華．格雷（Edward Grey）說民意好像一條方程式，公眾意見永遠不一，但絕不會是一個偉大治國者的想法。

杜威的聲音

李普曼的名作引發美國哲學家杜威在 1972 撰寫了一本名為《公眾及其問題》(*The Public and its Problems*) 的書。他在書中詰問：民主在現代世界能否繼續運作？到底有沒有所謂「公共」的民主公民？公眾真的只是幻影嗎？

在書中，杜威區分了國家和公眾，前者是由選出來的立法者代表，後者卻是由散亂的公民組成。杜威指出每當這些普通公民的利益受侵害，而立法者無法保障他們時，「公眾」就會出現。杜威也深明現代民主飽受企業資本所控制，人們有紛擾的娛樂活動，公共溝通困難，人們難以陳構其真實需要，這也令公共審議難以進行，結果甚至使人對政治提不起興趣。但杜威認為，只要透過改善溝通方法，公眾仍然可以找回自己的身份，並成為一個有凝聚力的團體。

在現代世界，我們的經驗分崩離析，但在小社區裏，人們倒能較易有共同的關注。杜威以為小社區可以成為「偉大社羣」，參與原來才是「公眾」的

重要元素。按杜威的想法，民主社會本身就是一個學習場所，向他人學習，在社會學習，同時也開放自己成為其他人學習的資源。我們也要學習將自己的意見拿出來讓人家批評。在杜威眼中，教育的真實發生，就是透過跟別人的溝通、交流，來擴闊自己的生活經驗。一個民主社會，也會對這種交流和擴闊設最少的障礙。

今天的香港，世代之爭、左右之爭、中港之爭，加上網絡時代，"People talking without speaking. People hearing without listening"。愈來愈自我中心的不只下一代，還有上一代，還有我們這一代。我們需要徹底反思到底是如何學習和為甚麼學習。杜威的教育學，實際上是一個社會如何學習的藍圖。

著名法國政治哲學家托克維爾也對「多數暴政」作出警告，他在《美國的民主》（*Democracy in America*）一書指出，難以勝數形成的羣眾，表面平等，實際類似而且欠缺個性。他的說法完全適用於香港：我們只關心自身生活和低俗娛樂、享樂，「食好西」，打打咭呃 like。更要命的，是他們只退到私人領域，雖能關心子女和親友，但對同胞和公民卻視而不見、冷漠無感。每個人都只為自身和家庭存在，在個人城堡以外，並沒有公眾領域。

在這種社會文化之下，社會參與只限於在網上 like 一 like 時，最多只是投一投票時，我們實在應驗了李普曼的一句：「我們不能創造、行政和實際執行」。我們的參與其實很低，公共意識和身份亦不強。無論當權者還是抗爭者在說「XX 符合／違反主流民意」時，我們更不得不警戒這種「民意」是否虛幻無根。

27 論平等│少數人的權利是特權？

讓殘疾人士享用專門的停車位，是否不平等？若基於「平等原則」，人們可反駁道：「大家都是人嘛，應該得到平等對待，誰也不應該有特權！又不是我把你弄成傷殘的，你多拿福利，就是對我不公平。」

這其實頗反映我們對平等和歧視的錯誤看法。首先何謂平等對待，並不僅考慮我們是抽象概念上一模一樣的人。具體的人，種類繁多，有些是少數族裔，有些是殘障，有些是性小眾，有些有宗教信仰。不同的人，不同的羣體，會有不同的需要。我們説平等對待，是要對不同合理需要的平等對待。有一些需要是普遍的，例如營養、學習和健康等，但對它們的詮譯是不同的，比如信奉伊斯蘭教的朋友跟我們都需要營養，但他們不吃豬肉。殘疾人士跟我們都需要運動能力（mobility），但我們可以隨便乘港鐵，他們則未必能，故此，他們有更大的理由要求專門的停車位。

少數族羣有否特別權利？

若訴諸「人道原則」，卻不能建立法律上的訴求。比如我以人道理由捐錢給窮人，跟我交税來保障窮人有基本生活水平不同。因為後者確認了他的權利，意思是我們有法律或道德責任去保障他的福利。有這個責任，不

是因為我們將傷殘人士弄成傷殘，而是因為我們身處同一個社羣。少數族裔是香港居民，部分更是生於香港且數代扎根香港，他們跟我們一樣，應享有香港居民的權利。如果不用權利的語言，而是基於人道理由，政府關心少數族裔會得到讚賞，但不做甚麼也無從譴責或者以法律追究。最終我們將無法要求政府立法或者提供資源予這些人士。

少數羣體有沒有特別的權利？要回答這個問題並不容易。首先，我們必須明白少數權利的緣起：當哈布斯堡王朝、俄羅斯帝國和奧斯曼帝國崩塌後，新的獨立國興起。種族上是匈牙利的人卻在羅馬利亞，種族上是德國的人卻在波蘭。民族國家其實往往是多種族的，第二次世界大戰時，納粹德國以「保護少數」為由，揮兵波蘭。有了這經驗，美國第二十八任總統伍德羅‧威爾遜在 1919 年甚至說高舉少數權利有損和平。一些新興國家如加拿大最初對原住民的態度，也是要他們融入、適應。不過大家慢慢意識到少數族羣有其特別權利。1989 年，聯合國專門機構「國際勞工組織」在《第 169 號公約：原住民與部落人民公約，1989 年》就指出：「我們要各國政府應在原住民與部落居民之參與下，負責推進配合良好之有系統行動，以保障此等居民之權利並保證尊重其完整性」、「在尊重其社會與文化特性、傳統、風俗與習慣之前提下促進此等居民之社會、經濟與文化權利之充分實現」。2007 年的《聯合國土著人民權利》申明「土著人民與所有其他民族平等，同時承認所有民族均有權有別於他人，有權自認有別於他人，並有權因有別於他人而受到尊重。」有別於他人，並不只土著適用，事實上少數權利的討論，還牽涉全球化下因移民盛行而在一國出現的少數族羣。

應保護少數族羣的文化和語言

我們所說的權利，往往都以個人出發。因此，很多時候我們談的都是普遍的人權，如生存權、言論自由、宗教權利等。我們只是用「大家都是人」來作考慮，但忽略了大家是「不同種類」的人的事實。另一方面，權利往往在一個國家裏實現、獲得保障。然而國家並不是單一文化的，也不是單一民族的。據統計，全球 184 個獨立國家中，就有 600 個不同的語言羣體和 5,000 個族裔。

少數族羣有兩個身份，一是國族的身份，一是自己種族的身份。國族身份往往要用國民教育、統一語言來建構，當中和少數族羣運用的語言會產生一種張力。例如「推普廢粵」不能只說不歧視使用廣東話，事情就能解決。這是因為在考試、求職的層面都用普通話的話，生活中使用廣東話就會處於弱勢，最終，這個語言羣體就會崩塌。死的語言就是沒有羣體採用的語言。

爭取少數權利的人，並不止於免受歧視，而是希望有實質的安排和政策保護他們的獨有文化和語言。即使他們未必反對「融入」，但也反對「被吞」。

香港少數族羣爭取中文作為其第二語言政策其實並不是苛求，更進取的人，會要求讓他們的語言作為法定語言。另外，他們也會爭取在政府或立法機關有人保護和代表他們的聲音。根據定義，他們一定是少數，如何能保障他們？因此他們往往需要特別的安排，甚至需要「積極平權措施」，比如美國一些大學，就劃定了一些名額給非裔和墨裔的申請者。當然其他申請者如沒有平等的整全圖像，定會說這是不平等、不公平了。

說回香港，當少數族羣在香港教育體系裏，因中文成績差而注定失去升讀大學的資格，更會令他們的社經地位難以提高，獲得發聲的機會更難。名義上不被歧視，實際上難以跟主流的人有平等地位。給他們所謂「特別待遇」，也是一種建基於平等的考慮。

討論少數人的權利，既讓我們反思少數是否簡單的「服從」多數，也讓我們思考現代民族國家如何能真正地尊重、容納，甚至提倡多元文化。

28 論民主 | 民主不是靈丹？

近年掀起一股反民主風潮。全球民主進程緩慢，人們對民主選舉感到厭倦，甚至一些「民主」國家如美國和菲律賓，都出現不重視人權和自由的領袖。閱讀美國外交關係協會研究員喬舒亞・科藍茲克（Joshua Kurlantzick）撰寫的《民主在退潮——民主還會讓我們的世界變得更好嗎？》（*Democracy in Retreat: The Revolt of the Middle Class and the Worldwide Decline of Representative Government*）一書，我們或許更容易明白人們對民主的不滿是甚麼。號稱民主的發展中國家，例如泰國的民主素質不斷下降，政治權力為軍方控制，傳媒亦被打壓。1989 年的阿拉伯「革命」，也不是甚麼民主的勝利，結果只是使中東政權不停輪替，混亂一片。也有不少人認為，一些在制度上不是施行民主的國家，卻發展得愈來愈好，比如俄國和中國等，在國際上地位舉足輕重，就連「民主大國」的總統特朗普都公開表示仰慕俄羅斯強人普京。有一種頗流行的看法是：民主不能保證我們有更好的生活，更穩定的社會。

上述說法的立足點，是視民主為一種單純的工具或者手段，甚至認為民主制度只是市場經濟的部分延伸。我們以為用錢和用選票就可以保證得到稱心的政治選擇。但是，在高度全球化發展下，我們發現生活好像已不是我們所能掌握，也不是一張選票和一點錢就可以改變一切。

有人提出民主是人民對抗專權者的最後武器，可以提高管治成效和認受性。但當民主達不到這些目標時，自然就可對民主的「價值」作一論斷。但「能否」本身是要經驗事實或者研究去證明。

哲學在此沒有發言權，但哲學家卻能指出我們不應只去問民主有甚麼功能，我們可以有更廣闊的視野，例如我們還可以問：民主究竟有沒有「內在價值」。內在價值是指一件事物或者一個制度本身的特質帶來的價值。比如一些人認為人有內在價值，因為他有理性和感受能力。即使這個人具備的這些能力不能帶來甚麼實際效用，他仍是有價值的，因為他擁有這些有價值的特質。

民主制度有沒有一些本身具有內在價值的特質呢？美國女哲學家安德森（Elizabeth S. Anderson）在〈民主：工具的 VS 非工具的價值〉（*Democracy: Instrumental VS. Non-instrumental Value*）一文裏，指出我們要區分民主有工具價值和非工具價值。她認為我們無需否定民主的工具價值以理解它的非工具價值。就像購物固然有工具價值，那就是我們可以達到應付所需的目標，但即使有電腦幫我們「打點一切」，有些人還是更願意親力親為，自己去市場購物，因為購物是一種生活方式，可以讓我們選擇和運用各種技能，也帶來滿足感——這些就是購物的非工具價值。

民主是生活方式

同理，民主並不僅僅幫我們「解決問題」，它還體現一些重要的價值。比如「一人一票」選舉模式，體現了社會裏人們都有相同的權利。這層意義很重要，管你家財萬貫，管你學富五車，大家都在同一個社會中平等生

活，沒有特權階級，也沒有二等公民。學校的學生會一人一票，也體現了管你是甚麼高材生，跟我這個考試零分的，在學生會會員這個層面上都是平等的。民主讓我們「活出」平等。

另外，民主也不僅僅是「投票」。民主要求我們跟和我們意見不同、看法不同、選擇不同的人走在一起，討論我們該如何作出集體決定。我們要運用理由說服他人，也要準備為他人所說服。用杜威的看法，我們是互相學習，不是將跟我們意見不同者視為敵人，而是朋友。當然我們不只在政府決策內展現這種精神，在公民社會裏也該如此。可惜，大家都明白在朋友圈中「談政治傷感情」的鐵律。這本身並不是民主的問題，反而是因我們未領會民主的內在價值。

在民主社會最能體現平等的關係：大家都是政府的授權者，一人一票，特權階級不能不考慮有票者的需要或者利益。制度會影響文化，並滲透至日常生活。我在澳洲和舊生吃飯，他說喜歡澳洲多於香港，因為澳洲的清潔工和大家都一樣，白領跟草根也相對平等，彼此會打招呼。但回想香港的清潔工卻飽受冷眼，工作時間往往都在見不到人的深夜，很難感受到大家都在同一社區。不能不令人懷疑，是否因為香港缺乏民主文化，人們

更習慣疏離的社羣關係，都渴望做人上人，有更多權力來展示自己高人一等，卻不能同情共感？

安德森指出，即使有一個獨裁者能給我們快樂，我們也會選擇自己追尋快樂，或者我們自己給予他人快樂，以顯示我們是屬於同一個社羣，和我們尊重彼此的公民身份。這也是一個反抗獨裁統治的理由，因為如果只持民主的工具觀，一旦民主達不到善治或者經濟目的，反而獨裁或專制管治能夠做到時，我們就很有理由放棄民主了。同時，非工具式的民主觀也讓我們反思政治到底是怎樣的一回事，它是純粹解決所謂問題，還是一個可以樂在其中的活動？

是自主性，是自由，還是與他人的關係才令我們的人生有意義？獨裁社會並不能尊重這些價值。民主不是靈丹妙藥，那民主是甚麼？民主就是尊重自主和社羣關係，但在市場化的當今世界，這兩者都備受威脅。當威權和市場結合，政治宰制和經濟宰制二合為一時，香港人能否有足夠論述資源和政治能量應對？當香港人本身已沉迷於市場關係而忽略在社羣追求善的時候，他們把「利益」的競爭視為理所當然，往往漠視了正義和公正的要求，對民主也若即若離。

無可否認，現實裏的民主制度和實踐跟以上描述的民主大有區別，但懂得區分現實和理想，我們或會更容易堅守民主價值；而在現實裏則需努力讓民主達致其工具價值，迫近理想中的民主，而不是當民主制度失靈時，立即放棄。

「香港堅尼系數再創新高，較 5 年前升 0.002 至 0.539……」雖然常聽見
這些新聞，但總有人抱持着一種「貧富懸殊，關我咩事」的態度。的確，
如果他是富人，對他來說問題真的不那麼明顯。如果要說服他全球性的
貧富懸殊和不平等與他有關，恐怕難上加難吧。不過這卻是自由主義者
的責任，因為所有自由主義者都會把平等視為基本價值，問題是跟其他國
家比較的平等又是否關我事呢？

1980 年代起，秘魯首都利馬存在一道高牆，這原本是被建造用來防止偷
竊與犯罪的圍牆，至今卻演變成為劃分秘魯「貧」與「富」的一道「恥辱之
牆」（Wall of Shame），這道牆隔開了兩個區域。我們覺得可笑，是因為
這樣做好像掩耳盜鈴，有了這道牆，大家還是在秘魯嗎？但是國界會否也
是另一道分開「一家人」的牆？

這裏所謂的「一家人」可以有幾個意思：（1）大家有合作的關係；（2）大家
有團結性，有一種特殊的關係。理由一：在全球化下，全球勞力一體化、
生產市場一體化、貿易一體化，這算不算是一種合作呢？理由二：在現代
國家之中，你認識幾多人呢？Facebook 朋友有幾千，但這幾千人都可以
說是陌生人。何況街上更多陌生人，怎樣可理解成「一家人」呢？

既然，農莊之中也不是想像般特別密切，反而農莊跟農莊之間有更多各樣的合作關係，所以，在全球層次，平等應該是一個議題。

全球正義或平等的討論就建基於這兩個理由。反對全球正義的人，就去證明農莊之內真的很特別，是農莊與農莊之間找不到的。另一方面，他們也會辯説，經濟關係不等於合作，而在農莊裏的「合作」並非僅僅是經濟關係。

説農莊很特別的人，往往是社羣主義者，他們會認為我們同胞和外國的陌生人有內在價值的分別。政治哲學家米勒可説是代表人物，他認為我們對於自己國民有特別責任，因為國族是我們構成身份的一個重要來源。

這個觀點可以用一個類比來説明：如果你的母親和一個陌生人掉進水裏，你應該不加思索去救你母親，而不是計算效益或者擲骰子決定，理由是母親和你有特殊關係，你會給予她更重的份量。同理，我們和「同胞」也有特殊的關係，所以自己國民和外國人有道德上的差別。

説經濟關係不等於合作的人，則有自由主義的觀點。

推動全球正義第一波論述的貝茨（Charles Beitz），指出大部分的國家經濟已不再是自給自足，而國家之間的貿易亦證明世界各國已有合作的關係。但自由主義者指出，把國際貿易看成與本地那樣的政治合作似乎不當。國際貿易關係即使受法律規管，但只是牽涉貨品的交換，而社會合作會則需要更多、更深層次的、形形式式的互動。貝茨指出如果將羅爾斯的差異原則擴展，是認為國際貿易的網絡足以令所有國家放在一個合作

的系統內。但是追溯至史前時代，東西方都有貿易，卻不足以構成合作關係。一個社會有很多面向讓個體們走在一起，包括政治、法律、經濟和文化等；一個社會也是一個有機的整體，經濟的面向只是其中之一。全球化可能最終導致全球統一，但這不會在可見的未來發生，而我們現在談的全球化，更多只是着眼於經濟全球化。

從理性選擇的角度看，我們會怎樣設計我們的全球制度？發揮一下你的想像力：

投胎時，閻羅王問：

> 朋友，跟你玩個遊戲。在你投胎前，給你修正一下這個不正義的世界，你會怎樣做？

> 我上一世是美國人，好食好住，沒甚麼不正義呢！

> 不要忘記你下一世可能在非洲最窮的國家中非共和國出生 —— 絕對有可能！

一個理性的人會這樣想：我可能出生在極貧窮的國家，但我也可能出生在極富裕的國家，怎麼辦？

閻羅王很好，預備了以下的情景供你選擇：

	富　國	窮　國	合共單位
情景一	500	3	503
情景二	300	100	400
情景三	200	100	300

情景一的貧富差距最大，而且一旦投股在窮國，連生存都有困難。

情景二比情景三的貧富差距大，但是整體的利益在情景二較佳，而情景三雖然貧富差距縮窄，但是窮國並沒有實際得益，仍只得 100 單位。不知道自己會在窮國或者富國投胎出生的你，如果是理性的話，一定會選情景二吧？從道德的角度看，我則想到盧梭這句話：「人膽敢擷取比自己所需還多的東西，而別人卻餓得快死，這真是可惡至極。」

30 論全球稅 一個有用的烏托邦

法國經濟學者湯瑪斯・皮凱提（Thomas Piketty）那本大作《二十一世紀資本論》（*Capital in the Twenty-First Century*）雖然厚達幾百頁，但基本信息其實直接不過：全球貧富懸殊持續擴大，而極端的貧富懸殊，無助創造更多就業。當社會流動性降低，最終不利經濟成長，一些國家的民主制度也因此受到威脅或被懷疑，平等的發言權及政治力量都受削弱。

病因發現了，但有甚麼良方呢？

有別於馬克思預見資本主義的消亡或鼓吹革命，皮凱提的方案相對「溫和」，他提出的藥方是有效的政府干預，比如課徵全球資本稅。很多人聽到，或立刻以「那很不現實呀」就打發了這個建議。很明顯，皮凱提是想修正資本主義而不是消滅資本主義。如果想像資本主義以外的制度是不「現實」，修正資本主義又不「現實」，那是否表示「現在的」資本主義就是鐵律真理，自有永有？

全球稅不切實際？

其實早已有不少學者提出用全球稅「緩和」資本主義帶來的極大不平等。

在學術期刊《道德哲學與政治》(*Moral Philosophy and Politics*) 有關全球稅的專題中，學者博格 (Thomas Pogge) 便在前言勾勒出全球稅跟全球正義的關係，也回應了一些對全球稅的質疑。比如有些人說全球稅「無中生有」，不切現實，其實忽視了現有制度正在製造極大的不平等。「轉移定價」和企業高超的避稅手段都令企業繳交的稅項大幅減少。如果我們知道這是大企業在發展中國家耍的手段，就更容易明白這「現實」如何令發展中國家受損。

富裕國家的跨國企業更有能力遊說議員，影響稅務政策或法律，這當然是從它們的利益着眼。如大企業的資本要回流美國，尋找投資機會，它們就用金錢去影響政客，給予它們稅項假期，即一段時間內減低稅率。這對發展中國家的影響甚巨，因為它們會失去外資的龐大稅收。但偏偏它們又迷戀外國直接投資，以為吸引外資就能改善國家，可惜資本無情，過橋抽板。至於離岸公司和避稅天堂，相信大家也耳熟能詳了。「現實」為何如此？是誰容許這些事發生？所以用一句「那是烏托邦」就否定全球稅的現實性的人，其實往往沒有看清現實中發生的真實問題，或者更可能是視而不見。

全球稅能否推行，並不只是（也不應是）可行與不可行的二元討論。我們本身就在一個概念框架中判斷可行與不可行，但是我們的信念往往可以自相矛盾。比如我們常說愛國，但當本國的資本家為了避稅，將資金運到其他國家，不少人又覺得這只是「識做生意」。說要在各方面有全球合作，卻又認為在全球層次上的稅務合作不可能。這當然有更根本的政治哲學探討，例如全球正義和國家自決是否相容、主權國家跟全球自由市場的

關係等，都值得深化討論。而且無可避免地，這對產權、個人責任的範圍、權威合法性等概念的理解也會帶來衝擊——這才是全球稅難以推展的原因，而不僅是因為能否操作的問題。

的確，還有更多思考需要進行：一、全球稅有甚麼道德論證？二、誰應被徵稅？是個人還是國家，還是針對大企業？三、應徵收甚麼項目的稅項，財富、收入、貿易，還是自然資源？四、在全球層次能做到稅款徵收和分發等實質管治的問責性嗎？五、誰可作收稅的代理人？六、全球稅為了甚麼目的？

皮凱提「有用的烏托邦想法」

皮凱提在第十五章〈全球資本稅〉闡述他開徵此種稅的看法。他把這稱為「有用的烏托邦想法」，稱「烏托邦想法」是因他認為高度的國際合作並不大可能，在歐洲區域的成果或許是個起點。但為甚麼是「有用」呢？皮凱提「醉翁之意不在酒」，並不志在以徵稅糾正不平等，而在於提高金融透明度和資訊分享。他指出「資本稅的主要目的不是為了融通社會國家的資

金需求，而是要規範資本主義。首要目標是避免財富不均進入不平等螺旋而不斷趨向異化。第二是有效管控金融與銀行危機。為了達成這兩個目標，資本稅首先要提倡民主和提高金融透明度：明確了解世界各地每個人擁有的資產。」

皮凱提認為，資本稅能迫使政府釐清並擴大跟銀行資訊自動連線有關的國際協定。這是因為稅務機關會要求國民計算財富淨額，納稅人會向稅務機關申報資產和負債，放在外國銀行的資產要納入資產報表中。這明顯是針對稅務天堂、逃稅的「現況」。皮凱提說得明白：「稅務天堂捍衛銀行秘密，最合理的理由是為了讓客戶逃避財政義務，從而跟客戶分享收益。顯然，這點和市場經濟原則根本毫無關係。任何人都沒有權利設定自己的稅率，個人靠自由貿易與經濟整合致富，卻以鄰為壑，只非法拿走利潤。這是徹頭徹尾的盜竊。」

可以說，皮凱提的建議並未觸及上述一至六項有關全球稅的根本問題，只提出要多一些規範制約無節制、放任自由的資本主義。但是，如果全球稅真能推行，放任自由式、華爾街狼人式的資本主義一定會受到制約，而民族國家的壁壘、保護主義的旗幟也必然動搖。然而這本身就已經意味着相當程度的國際合作，他以為提出「有用的烏托邦想法」就可以逃避全球政經秩序的問題，其實只是本末倒置。如果國際社會繼續以鄰為壑，申報資產如何可行？如果已可行的話，那全球稅也不是甚麼烏托邦式想法了。

當一個人的一生，從出生到成年都被父母全盤「規劃」好，完全沒有自主性，是否會是好的人生？當年紀小小便已因太多課業而精力殆盡，失去熱情，又是否會太短視？近年，相關的討論一直都存在，當事人父母也往往明白當中苦處。然而，「競爭」二字可大可小，如果孩子最終因父母用力不足「輸了」，自然恨錯難返。時光不能倒退，家長才不管它甚麼惡性循環，集體悲劇，以上這種思路才是「偏向虎山行」的根本因由。這個當然是社會的「病態」，但我們真的可以把全部責任簡單推給「社會」嗎？或者，我們應回到更基本的問題 —— 家庭在社會公義裏擔當甚麼角色？家庭能促進公義還是只會鞏固不公義？

家庭作為資源分配的處所

著名美國政治哲學家羅爾斯的大作《正義論》(*A Theory of Justice*) 提到家庭是社會的基本結構，會影響一個人生活中不同層面的機會。他也指出家庭並不能擔任再分配的重任。家庭要尊重個人權利和自由，但不能保證它們的實現，這些責任屬於司法權力機關。如果這樣的話，要家庭作財富再分配，以達到社會平等的理想看來是更不可能了。家庭裏如有兄弟姐妹，父母或要努力讓他們機會均等，但如果他們的機會比其他家庭的孩子

多，似乎也是無話可說。有些父母積極培養子女獲取具市場價值的技能，有些父母「懶惰」或因其他原因而沒甚麼行動，也是個人自由選擇。如果這樣的話，起跑線上的競爭似乎無可置喙，因家庭背景導致的差異，照理也應交由學校、社福機構來回應。

無可否認，家庭是不平等的來源。那麼，我們為何不用另一個更平等的方式養育下一代，例如將孩子全放在公立學校寄宿讀書？當然，這樣做也好像於事無補，家庭背景是抹不去的烙印，父母的口味、眼界和社交網絡都能令孩子具有優勢。像小說《美麗新世界》般將家庭消滅來追求所謂的「平等」，只會帶來骨肉分離的人間悲劇，父母的關懷和愛護對孩子成長也有很大幫助。

家庭作為公義的第一所學校

這並不真的代表家庭在公義推動中沒有任何角色。學者哥斯達（M. Victoria Costa）的《羅爾斯、公民身份和教育》（*Rawls, Citizenship, and Education*）一書指出，羅爾斯認為家庭在道德教育的功能很重要，家庭可以讓青少年內化規範，公義和公平等概念也可以從家長的言傳身教中傳授。在羅爾斯眼中，家庭做好基本的德育和公民教育就好了，比如教育下一代同理心、基本的公平感、回應他人的需要等。這些能力的培養都能讓孩子將來免於奴役他人和傷害他人。不過，女性主義哲學家奧金（Susan Moller Okin）指出了家庭存在可以教育下一代公義，但本身卻不符合公義要求的「張力」：羅爾斯的兩條正義原則既不能運用於家庭，而家庭裏也可以有性別不平等、強制和剝削的情況。

在不損害家庭內在法則的前提下，我們很容易發現社會其他領域的價值觀入侵家庭。家庭不是一個絕緣體，社會上的一些主流價值，如男尊女卑、我贏你輸、利己主義的價值觀都會滲進家庭。學校和社會是「公眾」，而家庭則是「私人」的二元對立也不是那麼清晰。所以，如果我們貫徹「個人就是政治」的觀念，我們反而要將家庭看成是價值和理念實踐的所在地。奧金更指出我們不能假定家庭是一個公義的制度，她着眼於性別結構上的不對等，例如在家務分工中，女性往往被編配更繁重的工作。除了兩性不平等，社會和世界還有形形色色、各式各樣巨大的不平等，家庭就助長了這種不平等。根據「個人就是政治」的原則，我們又該如何回應？

挑選學校的倫理學

教育哲學家斯威夫特（Adam Swift）一直研究「自由平等主義」（liberal egalitarianism），在《如何不成為偽善的人：道德困惑的家長選擇學校》（*How not to be a hypocrite: School choice for the morally perplexed parent*）一書中，他指出一個有道德意識的家長會面對的痛苦問題：即使他自己重視社會公義和平等機會，但當替子女挑選學校時，他真的不會選一間可讓子女取得優勢

的學校嗎？這樣算不算很虛偽？難道送子女去一間弱勢學校才算得上公義嗎？

答案顯然不是，問題於是變成甚麼樣的偏私性可以被容許。斯威夫特的看法是：家長有權選擇子女的學校，也不應讓個人的政治理念影響子女的利益和前途。最要命的是，他指出家長的個人選擇並不能影響整個制度的公義，因為這是一個集體問題多於個人問題。所以，平等主義者可以一方面要求政府成就教育平等，但自己則替子女選有優勢的私校。但是，作為平等自由主義者，他也認為持相同理念的家長只要為子女選「足夠好」的學校就可以了。如果給他們太多優勢是不公平，貴族學校就不應出現自由平等主義者子女的足跡。

斯威夫特與奧金的進路大異其趣，個人和公共的問題是不是分開，我猜想才是整個問題的核心。也就是說，家庭是「私」還是「公」，是不是公義運作的場所？如果我們看到家庭「公」的一面，我們的決定就會較與公共價值協調。在中國傳統文化中，家庭「私」的一面還是十分明顯。如果我們把家庭看作公義的場所，我們培養子女的動機也會大異其趣，我們會更着重思考子女的才藝將來如何服務社會、如何讓弱勢社羣受惠，而不是一味膜拜叢林法則。自由平等主義者也不應在家庭裏背棄自己的價值。

32 論養育 | 父母一定專制？

被傳媒稱為「香港小巨肺」、只得 9 歲的女孩參加《全美一叮》比賽，高唱 *My Heart Will Go On* 而一戰成名，馬上引爆各種議論。有些網民叫好，讚其父親能好好培育女兒，發揮其才華。也有不少人對其父親開火，批評他只將女兒當作「搖錢樹」。也有人擔心這會影響兒童的健康發展，例如失去同齡的社交圈，也恐怕她難以適應複雜的演藝圈。「個女人哋㗎」這個同樣很主流的觀點，是否就足以消解所有批評？中國人特別強調「望子成龍」，這激發我們去思考，父母究竟有多大權力限制子女的自由和塑造子女的未來？

我們普遍都認同父母有權育養子女，但有沒有限制卻可以追問。父母究竟有權要子女做些甚麼？父母當然要保護子女的利益，但子女該有甚麼利益，相信不同的父母會有不同看法。這當然是因為父母對於甚麼是好的生活，甚麼是美好人生會有不同看法。他們當中有些會有宗教信仰，有些可能很世俗，希望能在勞動市場取得最高薪金。或者有些人清心寡慾，只求歸園田居。在自由社會，各種「對於美好人生是甚麼」的不同想法不但應該包容，更應由公權力和法律來保護。政府不能將某種美好人生的看法強加於公民身上。這當然是自由主義的看法了。

那麼，父母是否有「權利」將自己對人生的看法加諸子女身上呢？如果可以，那為何又不容許國家干預呢？英國哲學家斯威夫特有相關的討論。他指出，第一、國家和家庭是兩個性質很不同的觀念，前者是公眾的，後者是私人的。將兩者混淆，可能會損害家庭一些很重要的價值，例如親密、自發性等。第二、自由主義者也不能批評或限制強加自己看法於子女的父母。自由主義者最看重自主性，自主性的意思就是人應能自己作決定和判斷。不過，小孩子的理性往往未充分發展，經驗未夠，未必能作出自主判斷，這時候，父母就有道德的合理性替孩子作決定，這就不算強加。與此同時，父母亦要積極幫助子女提升自主性，因此給子女提供教育，父母責無旁貸。

父母對子女的培育也並非可以隨意強加，而是要負責他們理性的培育。如果這樣看，父母其實是要干預或避免一些損害子女自主性的東西，比如子女就讀的學校進行灌輸式教育，父母就要發聲，教導和幫助子女掌握事實，甚至為子女轉校。又如子女沉迷手機、電子遊戲，不能自控，父母就不能縱容他們。可惜，我們卻看到不少父母以手機當「電子奶嘴」，或者給孩子手機來換取自己用手機的時間。這當然會損害子女的自主性，相反相信很少人認同政府或者國家干預這些行為。

我們界定了父母的責任和權利，但仍有一個很難處理的問題，就是父母本身和子女自古以來權力的不對等。不少女性主義者說這是父母霸權，最極端的當然是在古羅馬時期，子女甚至是父親的財物，可以賣掉，也可以殺掉；在中國亦有不少殺子的故事或案例。國家在這些時候是否有理由插手？相信現在代社會沒有人反對，而我們的社會也有保護兒童條例。但我們現在對於兒童的保護，在於免其受傷害，但一些精神層面上的問題卻難以置喙。

另一問題是，子女並不是選擇某家庭出生的，這不是一個自願性參與的組織，也不可輕言離開。如果父母對子女不公平或者剝削、操控，國家又是否有理由插手，維持公義？當然前提是國家本身是公義的，但難處在於這些領域中我們並不容易插手，比如父母偏心弟弟，對哥哥苛刻，我們難道要國家或者政府去糾正嗎？如果這樣做，恐怕家不成家。但電視劇《溏心風暴》的金句「呢度唔係法庭，唔需要證據，我對眼就係證據！」卻令家庭和父母好像無可避免成為專橫的象徵。

說回小巨肺的例子，我們能否指責她的父親損害她的自主性？除非小巨肺很抗拒唱歌表演，其父親仍強迫他，我們才可以作道德譴責（也只可以作道德譴責）。但是如果小女孩本身很有天份，父親鼓勵她、培育她，那有甚麼問題？我們要判斷小巨肺的父親有否對其女兒專制，倒可以思考其父親有沒有讓女兒接觸音樂以外的其他東西，讓她慢慢地判斷自己是否要走音樂路？另外，我們也要考慮父親如何看待女兒學習音樂：是發揮她的才能，還是以她為工具幫助自己發展事業？當然，女兒和父親可以有合作的關係，但是在這個不對等關係裏如何實現？

現在的問題是，自主性並不只是強迫的反面。父母不虐待子女，不漠視子女當然重要，但正面的培養自主性，要做到多少才算幫助子女充分自主？貧窮家庭未必能讓子女遊學擴闊視野，或者學習各種興趣班了解自己，作「自主」的判斷。有錢有能力的父母培訓子女，內心不一定想他們成為自己的複製品，卻擔心不用自己的優勢去幫助子女獲得市場認可的技能，可能令子女失去自主得以可能的物質條件，例如財富和社會地位。「自主」一詞並不是一個黑白分明的概念，而有程度之分。父母也不可能絕對專制或者放任，管教之道，往往都是灰色地帶中的藝術，要堅持也要妥協。

33 論市場 | 平等即是追求「共產均貧」？

香港人對於平等總是又愛又恨，經常宣揚追求政治平等，卻認為經濟上平等分配只是「共產均貧」，對市場甚迷戀，覺得它最有效率，甚至最公正無私。當今之世，捨市場其誰。「自由市場」像不證自明的公理。對於平等，則不甚了了。

社會學家特納（Bryan Turner）在其名作《平等》（*Equality*）中指出，平等並不只是一種現代價值，亦可以用來作為量度現代和現代化過程的工具。現代會看重人的成就和社會流動，這建基於才能和技術，而非先天的特徵，例如年齡和性別。在農業社會，男性有體力，只要依附土地，他們就可以「話事」。但在現代社會，工種這麼多，只靠男性根本不能滿足「社會需要」。管它是男還是女，能辦事就行了，於是高呼「男女平等」。

因此，我們在這種社會，特別容易理解機會平等。機會平等是指只要我們擁有相同的才能，就應該擁有相同的機會。可以說，平等有其社會功能。傳統的階級社會被平等原則擊倒了，但關鍵問題是，為甚麼我們現代世界不看重經濟的平等，卻緊盯着政治的平等？

重視平等的人，往往都看重平等投票權，輔以社會福利。那就是政治平等為主，經濟平等為副。作為自由主義傳統的當代巨擘，羅爾斯心目中的民主平等（democratic equality）正是展示以上看法的好例子。首先，他認為我們每個人都有相同的基本自由，包括政治自由，這是他著名的第一原則。第二原則保證所有職位都向人開放。至於同樣在第二原則中的「差異原則」，則指出可以接受的不平等，必須對最差狀況的人都有利。而第一原則比第二原則優先。

有趣的是，這種平等又建基於社會契約。但為甚麼我們會立約？當然是因為我們覺得進入社會比不進入社會更好。「更好」的意思，該是社會合作帶來的各種利益，例如在社會裏我們有高度分工，有醫生，有廚師，有老師——我們可以享受各種各樣的服務和好處。由此，我們把社會看成一種「合作」的關係。立約者其實在立約前本身已是平等的，羅爾斯假定大家都有理性和有道德能力，那立約後這些「人」會否接受不平等？自由主義者的答覆是，有一些平等可以放棄，有一些不可。

在這種自由主義（左翼自由主義？）的觀點，政治平等不可以放棄，但經濟不平等可以接受，但有條件限制。你可以説其實兩面不討好，右翼説太重平等扼殺自由，左翼則可能説不夠平等，當中有太多概念和理論。這裏只集中提出一個問題：追求平等是否必然和市場衝突？

自由市場可以和平等相符？

《基本法》第五條寫道：「香港特別行政區不實行社會主義制度和政策，保持原有的資本主義制度和生活方式，五十年不變。」首先，自由市場不等

於資本主義，許寶強教授就編了一本書，名為《反市場的資本主義》。資本主義講求資本的累積，但自由市場則是貨品或服務的提供或者購買，由供求關係決定，政府不會插手。但現實世界的政府，卻往往與大財團一起，干預市場甚至扭曲市場來作有利它們的決定。

第二，社會主義不等於不可以講市場。一些學者就提出「社會市場主義」，因為靠政府調控複雜的經濟，效果極不理想。市場是一個很好的機制，但民主社會主義者會認為產權跟資本累積不可取。而且，生產工具也可以用民主方式選出管理人，不一定由資本家獨享。

羅爾斯的正義論跟甚麼經濟制度最相符？很多人很喜歡説諾齊克代表放任右派，羅爾斯代表福利國家，但在《正義論》中，羅爾斯表態反對的其實是資本主義，即使資本主義嘗試把一些福利給弱勢。我們往往關心「再分配」的問題，但生產方式的問題也十分重要，即使如此，羅爾斯並沒有否定市場，但他似乎也對現今的資本主義不滿。他提出「財產擁有式的民主」，認為生產者可以很廣泛地擁有生產工具，工人可以對資本和其工作狀況有一定的掌控，不論是私人擁有者或工會成員。財產權不是絕對的，也不是符合第一原則的必要條件。當然，為了符合第二原則，可以容許一

定程度的私有產權。

如果我們對現在一國之內甚至國與國之間的貧富懸殊對症下藥，究竟是市場還是資本累積？羅爾斯認為在「財產擁有式的民主」中，巨大的貧富懸殊會被控制，私人財產對政治的影響可望減少，最終可以保護第一原則。

比起計劃經濟，市場無疑有更高的效率，也可以讓人享有更大的自由。我們可以想像不用市場機制去生產，結果效率奇低。社會整體經濟疲弱，政府稅收自然也少，又如何可以作再分配？要再分配都要有東西供分配嘛。可以說，市場提供了正義的基本物質條件。

市場是否可以保障我們的基本自由？如果沒有市場，我們的工作選擇肯定少很多。其中一個可能是政府會為我們分派職位，有藝術才華的人可能派去國貨公司做售貨員，有演講天份的人派去守水塘。我們也會透過自己選擇如何生產和消費，來建構我們的身份。如果這是指派的，我們肯定不覺自由了。看來市場保護了我們的選擇自由、工作自由和消費自由。

市場能令狀況最差的人也受惠嗎？如果市場能提高生產效率，整體經濟應該受惠，狀況最差的人在市場經濟下，會比不在市場經濟狀況的情況為佳，我們就有理由選擇市場。不過，就算羅爾斯覺得市場可取，他似乎仍以平等為念。我們也許要提醒自己，到底是人為了市場存在，還是市場為人服務？肯定的是，平等不是追求「共產均貧」。

中國哲學

香港人應該讀的一個40個哲學問題

34 | 論無為 | 無為就是 HEA 嗎？

不知大家是否記得，香港特首選舉期間，出現了「無為」的競選口號？港式翻譯為「hea 做」，意思就是懶、不認真、敷衍了事。連歌手古巨基也有一首歌，叫做《Hea》：「做嘢啫　Deadline 呢應該鬆一些 Free lan 屎應該多一些 有冷氣我至坐得夜。」這種冇 heart、得過且過的態度，相信不會得到任何一間公司的管理層認可。但當然，繁重工作過後，「hea 吓」甚麼都不做，只玩下電話，卻是普遍認可的生活方式。

無為有特定目的

其實，「無為」是中國道家哲學的一個重要觀念。在老子的《道德經》中，有多處提到「無為」：「道常無為而無不為。侯王若能守之，萬物將自化」、「為學日益，為道日損。損之又損，以至於無為。無為而無不為。取天下常以無事，及其有事，不足以取天下」、「故聖人云：我無為，而民自化。」

從引文可見，「無為」是給侯王、聖人和在上者的建議，而不是鼓勵治理者甚麼都不做。「無為」帶有特定的目的，實際是要達成一些目標，目標是甚麼？是讓眾人能發揮其自發性（自化），他們各自做自己能做、要做

和可做的事，社會自然充滿活力。相反，如果在上者太有為，往往其實不代表勤力，而是要在下者跟着他的步伐和方向。姑勿論他有沒有走錯，但因為他的權位，其他可能性都被排拒了，人們會逢迎他，而他甚至接受不了跟他不同的看法。很少人可以像齊國人鄒忌懂反省：「吾妻之美我者，私我也；妾之美我者，畏我也；客之美我者，欲有求於我也。」意思就是我的妻子讚我美，只是因為她對我有私心；妾讚我美，則是懼怕才這樣説；客人呢，只是有求於我吧。

十個有九個都會以為自己是真的美男子。當然，不是每個人都愛逢迎，總有人會緊守原則，跟在位者「衝撞」。這其實具破壞性，整體效益會減少。因此，在上位「無為」，才能「無不為」。這裏無不為的意思不是甚麼都能做到，而是不會扼殺各種可能性。但是，這絕不是易事，因為我們都想證明自己，都想告訴別人我才是能擔當大位者。甚至，我們會不理性的將自己的遭遇看成很特別，自欺欺人。我們可以這樣解讀孟子這句話：「天將降大任於斯人也，必先苦其心志，勞其筋骨，餓其體膚，空乏其身，行拂亂其所為，所以動心忍性，增益其所不能。」人人都以為自己被降大任，自命英雄。人人都有自己的主張，認為自己的「大任」最重要，都要用力實現之，這樣天下不大亂才怪。

如水最好

大家都知道儒家是老子的對手。《道德經》第三十八章已清楚寫下戰書：「夫禮者，忠信之薄，而亂之首。」為甚麼？除了因為崇尚禮教的人有所作為而得不到回應，就揚着胳臂使人強從外，禮（當權者施於大家的秩序）還會將被治者的天真和純樸都殘害掉。人能依自己的本性而活，可說對人最重要，那即是保存赤子之心。「含德之厚，比於赤子。蜂蠆虺蛇不螫，猛獸不據，攫鳥不搏。」老子將純樸推崇備至。

事實上，每個人在不同的崗位，都會手執一定的權力，老子這觀念一定不止限於侯王。父母就是子女的「管治者」，我們當然不可能不讓子女經歷社教化，但「禮教」在某些處境下。也有相當的毒性。我星期六都愛跟女兒們到某大型書店閒逛，女兒們從不嚷着要買甚麼，看過就走。有一天小女兒望着店中的玩具說：「我唔會買嘅，我唔鍾意買玩具。」這在日常處境，大概應該讚她「乖」。當然，消費未必是自然性情，但玩具明明是她想要的，這個「想」應該存在；人應該要承認情感和慾望，而不是硬生生否定它們。隔了一會，我單獨問她其實是否喜歡玩具，她倒願意說是，這樣看來，她只是想討好我們，而說了一些違心話。這個經驗令我更明白老子「無為」的意思——如果我們很「有為」地塑造子女的性格，一個虛偽的人很快就會出現。

今天，香港的父母還有一種要追求最好的執着：要給子女選最好的學校，要有最好的鋼琴老師，轉校、轉老師也成了新常態。在這種追求過程中，一定會犧牲各式各樣的東西，有可能其他人也會為你的追求而受苦。老子《道德經》的一句「上善若水」，正好作為緊張父母的清涼劑：我們無必

要太過有為，太多造作，自己如水一樣低調無心地滋養萬物，也容讓下一代如水，父母已經「潤物細無聲」。

那麼「有為」好還是「無為」好？只能説，在亂世之中，或在動盪之後，人們往往比較接受道家思想。西漢之初，「清靜無為」的黃老思想是治國主導思想，但當國力上升時，漢武帝之類大有為的君主又會出現。甚麼哲學思想較為人所接受，往往並非訴諸理由，而是受時代、環境和人們的心理影響。

朋友之間對話，經常出現「X 國的人是很 Y 的」之類格式的判語。反駁者，當然又會說 X 國的人總有例外，至少一個 X 國的人不 Y 就否證了該判語，討論然後不了了之。

但是在實際政治或公共討論裏，這些思維方式就影響甚大。X 國的人是充滿奴性，所以就是要被管的。X 國的人很貪婪，所以不要給來自這國的移民福利。民族性、民族劣根性、「民族 DNA」等用語就很順暢地運作，你再舉一兩個反例也的確沒太大意思，因為對手會說這只是一個「概括」，一般地真就夠了。

本質化的人

討論的焦點，其實應落在人是甚麼，我們有沒有把人本質化，還是將人放在具體的環境去理解。中國哲學裏有一個經典的爭論，就是孟子的「性善論」和荀子的「性惡論」之爭。《孟子·告子上》：「惻隱之心，人皆有之；羞惡之心，人皆有之；恭敬之心，人皆有之；是非之心，人皆有之。惻隱之心，仁也；羞惡之心，義也；恭敬之心，禮也；是非之心，智也。仁義禮智非由外鑠我也，我固有之也。」這樣說，就是指出人內在「我固有之」

的一些特質，包括仁義禮智，這些並非外在地（如教育）加諸人的。我們可以這樣表達：

> 人有仁義禮智四端之心。
> <u>小明沒有仁義四端之心。</u>
> 所以，小明不是人。

孟子的口才很好，雄辯滔滔，他說：「無惻隱之心，非人也；無羞惡之心，非人也；無辭讓之心；非人也；無是非之心，非人也。」不是人，那就是禽獸了。

這種論辯方式，屬本質論，即假定一物有其本質，然後再作推論。

> 正方形的本質是有四條等邊。
> <u>這形狀沒有四條等邊。</u>
> 所以，這不是正方形。

孟子當然不會否認人有動物性，但他認為人跟動物有很微少（幾希）的差別：「人之所以異於禽獸者，幾希，庶民去之，君子存之。」

有幾點要説明的是，孟子説這話時是作一個普遍性的論斷，他沒有説只有中國人才有四端之心，他説的可應用於全世界的人。他也不是從經驗去觀察人有四端之心，也不是對人作心理學的觀察。他其實是在作一個哲學解釋：為甚麼人能夠超越功利和動物性？這是如何可能？孟子最終統合成「人有善性」來解釋。

環境的影響

從孟子的角度看，「X 國的人是很 Y 的」可以解釋，但不必否定 X 國的人本身有善性。在〈告子〉章中他説：「富歲子弟多賴；凶歲子弟多暴。」豐收那年，少年子弟多懶惰，災年則橫暴。這説明人會受環境影響。

荀子沒有像孟子那樣肯定人有先驗的道德能力，他的性惡論其實建基於孟子都會同意的後天培育論，荀子説：「人之性惡，其善者偽也。今人之性，生而有好利焉，順是，故爭奪生而辭讓亡焉；生而有疾惡焉，順是，故殘賊生而忠信亡焉；生而有耳目之欲，有好聲色焉，順是，故淫亂生而禮義文理亡焉。」荀子着重後天的培育，善就是偽，即人為。如果沒有文化，沒有禮，我們的動物性不加節制，「順是」，就會有混亂出現。

討論善惡，常面對一個抽象而重要的問題：我們應看人的內在，還是外在？這個討論孟子和告子已經歷過，孟子在文化長河中脱穎而出，中國道德學雖走上了內在心性之路，但對社會制度的關心不足，民主、法治可説是「開不出」。雖説「人皆可以成堯舜」、「滿街都是聖人」，但今天卻面對道德危機，人們失去了價值方向，也失去了價值意志。

社會心理學則集中在制度和環境的關注。一系列的研究，其實都是源於對二戰期間種種惡行的反思。「為甚麼會出現種族滅絕？」「為甚麼普通人也會行惡？」

米爾格倫實驗（Milgram experiment）在 1961 年 7 月進行，正是納粹黨阿道夫・艾希曼（Adolf Eichmann）被審判並被判處死刑後的一年，著名的女哲學家阿倫特也就此撰寫了《平凡的邪惡：艾希曼耶路撒冷大審紀實》（*Eichmann in Jerusalem: A Report on the Banality of Evil*）。在米爾格倫實驗中，實驗小組在報紙上刊登廣告，招募參與者前來耶魯大學做實驗。廣告說實驗為時大約一小時，報酬是 4.5 美元（大約為 2006 年的 20 美元）。實驗小組告訴參與者，這是一項關於「體罰對於學習行為的效用」的實驗，要求參與者扮演「老師」，教導隔壁房間的「學生」。

「老師」手邊有一個從 45 伏特起跳的電擊控制器，他們也知道這個控制器能使隔壁的「學生」受到電擊。老師朗讀單字配對給學生聽，然後測試。如果學生答錯了，老師會對學生施以電擊。每次作答錯誤，電擊的伏特數更會隨之提升。

實驗結果叫人驚訝，65%（40 人中超過 27 人）的參與者都用上最大的 450 伏特電擊懲罰。為甚麼他們會這樣做？答案是因服從，實驗環境令他們變成了另一種人。

自由意志不能抹殺

問題又來了。如果環境因素這麼具決定性，我們還有甚麼責任要負呢？孟子的良知理論所以仍有哲學重要性，就是因為它肯定了人的自主性。「人是甚麼」的問題，就在這兩極之間落墨：人有不變的特質，但也有受環境改變的部分。甚麼是不變，甚麼會變，就成了哲學的討論和心理學的研究。同時，在日常的論述裏卻充滿了本質式對人的界定。

孟子和荀子對人的了解都有普遍性的成份，他們都是建基於人論而非民族論。孟荀身處的時代，並沒有我們現今的現代國家觀念。國民性的討論建基於民族國家（nation state）而出現，我們卻常常假定今天的中國和過去的那個不但是連綿不斷，而且好像有一個不變的、叫做「中國」的實體。這個實體盛載着一種東西叫「民族性」或者「國民性」。

問題是，所有國家都一直在變，何來有不變的美國人、德國人和中國人？如果環境能塑造一個人，那麼我們改變環境（或被環境改變）不就可以改變一個羣體嗎？為何我們總是保有一國國民的特性「不能翻身」的結論？

36 | **論盡力** | 知其不可而為之，
為了甚麼？

《論語》〈憲問〉篇中有此一記：子路宿於石門。晨門曰：「奚自？」子路
曰：「自孔氏。」曰：「是知其不可而為之者與？」孔子被形容為「知其不
可而為」的一個人，照道理應該是傻子，但孔子又被封為聖人。

孔子是傻的嗎？

我們做事，常被教導要多多考慮「可行性」和「有效性」，先看看目標是否
可達，才決定用甚麼方法以最高效的方式實現，香港人謂之「叻仔」。「知
其不可」的意思似乎是知道目標不可實現。我想去實現一個不可實現的目
標，這是否不理性，愚不可及？

為了自圓其說，於是有一些人就將「知其不可而為之」理解為是一種艱苦
奮鬥的精神，如愛迪生百折不撓終得成功，「光纖之父」高錕教授把不可
能變成可能，這都是「知其不可而為之」的精神。

這種「創造性」詮釋是否可取？我們還是回到《論語》的脈絡吧。看門人
的口吻似乎不是敬佩的，而是嘲諷的。看門人和孔子的境界，我們可以合
理假定後者為高。那麼，這種嘲諷該是更襯托孔子的偉大吧。

其實孔子經常受人嘲諷，但很少人會因此站在嘲諷者那邊。另一位名為荷蓧的隱士，也不無嘲諷地勸孔子獨善其身，孔子只是輕輕的説隱居應以責備——衰世是也，亂世是也。孔子不會不知道，但他仍要到處宣揚自己的主張。

「知其不可而為之」為何不是愚蠢，而是一種偉大的素質呢？

盡人事，可改變

我們再分析一下「知其不可而為之」是甚麼意思。其實可以區分以下這幾種情況：

    （A）100% 不可為

    （B）50% 以上機會不可為

    （C）50% 以下機會不可為

如果是情況（A），相信是不可能的 mission。例如要你畫一個圓的方（邏輯上不可能），或者超越光速（物理上不可能），又或者在三分鐘內由銅鑼灣「飛車」到錦田（技術上不可能）。在這種情況下談「知其不可而為之」，相信腦筋有點問題。

如果是情況（C），那成功機會大於失敗機會，很難説是「不可」，是相當可為。

所以，我們談的其實是（B）的情況。成功的機會不高，但仍要做下去，

這不一定是不理性。我們可以設想有些事情嘗試去做，已很有價值，這種價值是「自足」的或者是一種內在價值。其實要理解並不很難，因為我們做事有時是講意義，而非講成效。「我很成功，但做的全沒意義」如果可以被大家理解，那麼「我做的事很有意義，但不會成功」也同樣可以被理解。

孔子當然覺得自己所做的很有意義，「發憤忘食，樂以忘憂，不知老之將至」，學習和工作都全情投入，一生像修煉那樣，「三十而立，四十而不惑，五十而知天命，六十而耳順，七十而從心所欲，不逾矩。」(〈為政篇〉)雖然，他的際遇有如「喪家之犬」，談不上「成功」。

《論語》〈雍也篇〉也曾記孔子讚賞顏回：「賢哉！回也。一簞食，一瓢飲，在陋巷，人不堪其憂，回也不改其樂。賢哉！回也。」物質生活跟人生意義無關。人生有意義的人，就算物質匱乏，不太成功，也可以活得很好。

另一個解釋是盡人事。盡人事，當然是人事，是人為的事。這樣說好像「很廢」，但其實意味深長。因為人事不像物理，物理我們改變不了，但人事卻是有改變餘地，你行一步，其他人也會受影響。這樣「知其不可而為

之」，其實可以感動更多人，跟你走相同的路。儒家叫這做「人文化成」。

當然，有一些事可為又有意義又開心，但如果這樣一帆風順，又好像迫不出究竟自己是否真的能夠堅持自己的價值。不過，有時就是這樣，太幸福或不幸福都不可強求。

有一些人將「知其不可而為之」跟西緒弗斯的神話比較，其實不對。西緒弗斯是希臘神話中的人物，不斷推石上山，但巨石總是會滾下來，他要無休止地這樣重複。只是，他仍活着，他在受苦，人生也沒意義，但他戰勝了自己的命運。但孔子的「知其不可而為之」沒有那麼極端，在孔子眼中，人生不是荒謬的，是有意義的，是快樂的。《論語・學而第一》大家都耳熟能詳吧，子曰：「學而時習之，不亦説乎？有朋自遠方來，不亦樂乎？人不知而不愠，不亦君子乎？」強調樂，強調悦。程子曰：「樂由説而後得，非樂不足以語君子。」也許，「知其不可而為之」也不一定是悲壯的。

知其不可而為之，可樂。知其可而為之，也可樂。樂的味道不同，如人飲水，冷暖自知。

37 | 論出世 入世可以同時出世嗎？

在香港擠迫的居住環境，在港鐵站，在購物商場，很容易慨嘆一句：「哪裏沒有人？都是人。」有人就有煩惱，各種關係網如牢籠，於是我們有出走的概念。例如到台灣小旅行，甚至如信用咭廣告所宣稱，來一次「生活小出走」，購物解千愁。

我們入世就是在現實煩惱圈中打轉，出世就是離開現實。但在中國文化裏，由儒家到佛家一直講求不即不離。我們要解脫，不是離開，因為你離不開，也不應該離開。最高就是在煩惱中覺悟，煩惱中清靜，即《六祖壇經》所說的「煩惱即菩提」。

出世不是置世界不顧

在一般人的印象裏，儒家思想講求入世，道教與佛教則講超脫塵世。儒家講孝、講仁，都是對着人的關係來說。關係網可以愈編愈廣，也可以愈編愈密。《大學》中有所謂修身、齊家、治國、平天下，就是此種關係網的一種註腳。天下無邊無界，儒者的努力也無窮無盡。

道家則講逍遙，就是對我們各種羈絆的超脫。不過，老子和莊子看法有微妙的分別，對我們看所謂出世入世會有所啟發。

看老子的《道德經》跟《論語》的感覺很不同，後者人物眾多，你一言我一語，熱熱鬧鬧；前者則「一言堂」，説話斬釘截鐵，不是討論。

老子是否出世？他説的道、無為、靜，其實都是對應着現世的問題。在紛亂的世代，人的慾望和恐懼無限放大。在老子眼中，能改變世界的其實不是平民百姓，而是在位者，他給統治者一套宇宙觀、人生觀、治國哲學：「聖人無常心，以百姓心為心。」不過，念茲在茲的仍是百姓，希望「聖人」能好好育養他們。出世也不是置世界不顧的意思。

莊子則把所謂出世和入世闡述得淋漓盡致。他和孔子不同，他不會像孔子那樣積極地去改變世界。但莊子和孔子一樣，出世但不會離開人羣，也即不是退居山林之中的隱士。

《論語‧微子》記載了孔子和學生問路，卻被那些隱士嘲諷一番的故事，其中一位隱士桀溺説天下的亂已是積重難返，只是「得把口」改變不了甚麼。他跟孔子的學生子路説：「壞人壞事像洪水一樣氾濫，誰和你們去改變？你們哪裏比得上跟隨我們這些避世的人呢？」邊説邊不停地播種耕作。子路回來告訴孔子此事，孔子失意地説：「人不能和鳥獸同羣，我不和人打交道那該和誰打交道？天下太平，我就不用走出來改變世道了。」不出世，是對社會和人民不忍的儒者情懷。這是真儒者的態度。

順人而不失己

莊子的理想人生當然不是艱苦經營天下的儒家聖王，許由不受天下就是
一個好例子。堯讓天下予許由，許由推辭說：「子治天下，天下既已治也。
而我猶代子，吾將為名乎？名者，實之賓也，吾將為賓乎？」不過，莊子
捕捉到一些儒者欲治下其實求名，但名是虛的，實的其實是自己的身體和
精神的保存。

儒者入世，欲改變世界，但很不幸，他們先被世界改變了，連自己內在世
界也不能保存。

莊子區分了內直和外曲，前者依天道，後者依人事：「內直者，與天為
徒」、「人謂之童子，是之與謂與天為徒」、「外曲者，與人為徒也。」
現實當然是「外曲」的人多，「內直」的人少（包括儒者），可能是他們太懦
弱，也可能是這世界太殘酷了。你根本不能逃離社會和世界對你的監管，
在專制之下，在強權之下，你真的能保存你的「內直」嗎？你不挑戰權威，
權威都要你迎合它。

所以，不是你想入世，是你被迫入世。莊子提出了一個非常厲害的解決方法：「順人而不失己」(《莊子·外物》)，「外化而內不化」(《知北游》)，意思是行為上很順從，但靈魂卻去了另一方。你控制得到我的肉身，但控制不到我的靈魂。《逍遙遊》中的宋榮子內在很堅定和自由，「且舉世而譽之而不加勸，舉世而非之而不加沮，定乎內外之分，辯乎榮辱之竟，斯已矣。」內在的精神世界，無拘無束，可以像魚化而為鳥，只要你修養夠就成。

看輕外在而講內在，這是不是精神勝利法，或者助長了中國文人服從權威（至少在行為上）的麻醉劑？這種思想的確影響了後世的中國文人，陶潛的《飲酒》之五這樣寫道：「結廬在人境，而無車馬喧。問君何能爾，心遠地自偏。采菊東籬下，悠然見南山。山氣日夕佳，飛鳥相與還。此中有真意，欲辯已忘言。」在人境，但可以無車馬喧，豈不是說在旺角而無車聲？

如何可能，原來隱不在偏遠，而在於人心。入世不重要，只在乎有沒有出世的心。煩惱不要緊，有智慧就是菩提。這種思想，對土地供應不足、人事紛擾不息的香港會有治療作用。但是，講心是不夠的，有遊心到底還要自然幫助，山氣、日夕、飛鳥，都令我們不宥於自身，在更大的「自己」化掉自己和煩惱。所以，郊野公園對「結廬在人境」的香港人來説特別重要。

38 論本能 飲食男女，天經地義？

香港以前有一本飲食雜誌名叫《飲食男女》。這名字起得好，好像將眾生為口奔馳的面貌展現。不過，「飲食男女」四字並不是指男男女女去飲飲食食，而是說人的食慾和性慾。《禮記‧禮運》說：「飲食男女，人之大欲存焉；死亡貧苦，人之大惡存焉。故欲、惡者，心之大端也。」

這顯示了儒家的人性觀。不過我們不能斷章取義，說儒家把慾望視為可以全盤接受，盡情放縱。首先，《禮記》這句話只是描述，告訴我們心之大端是慾和惡。我們的端，是慾、是惡，那是出生即給予的，這是一個事實。《禮記》也說：「何謂人情？喜、怒、哀、懼、愛、惡、欲，七者，弗學而能。」我們有各種情緒感受，這也是人的實然。

但我們有文化，有人倫關係，《禮記》稱之為「人義」。「何謂人義？父慈、子孝、兄良、弟弟、夫義、婦聽、長惠、幼順、君仁、臣忠，十者，謂之人義。」這不只是描述，也是評價：「講信脩睦，謂之人利。爭奪相殺，謂之人患。」利、患明顯有價值高低之分，所以，我們要找方法去求利去患。

我們如果因為想追求一個女子而跟人爭奪相殺，這當然是患，所以，人之大欲，其實也有限制。「故聖人之所以治人七情，脩十義，講信脩睦，尚辭讓，去爭奪，舍禮何以治之？」這一句在流行文化裏不會被引用，因為現在不是講禮的年代，而是「欲罷不能」的世紀。

當然，我們都知道中國傳統社會的「禮」後來成了壓制人的工具。在魯迅的小說《狂人日記》中就痛陳禮教吃人。如果這樣，我們是否要去禮就欲？欲與禮是否不可調和？還是另有原因？

讀中史的人，應該背誦了不少宋明理學家的口號，宋儒朱熹的「存天理，滅人欲」可說是瑯瑯上口。無疑，如看《朱子語類》，朱熹也的確頗喜談天理人欲，但有沒有高姿態說要「滅人欲」卻很可疑。他說：「飲食者，天理也；要求美味，人欲也。」（《朱子語類·學七》）他沒有要求我們壓抑食慾，餓肚子，因為人要吃東西也是天理，即不可改的。但如果我們要求美味，則是人欲。

那朱熹是否要求我們不用調味料呢？我們當應留意朱熹的論述把慾望再細分：（A）基本需要的滿足；（B）高於基本需要的滿足。問題（A）的基本需要其實並不真的那麼容易界定，例如運動員與讀書人的食量就很不同。（B）則有非常廣闊的灰色地帶，例如我在即食麵加一滴麻油，與用黑松露來調味，程度上則大有不同。

朱熹立場其實也不是那麼極端，實在不應將他看成禁「欲」。他的論述實際上是把天理和人欲對立起來：「人之一心，天理存，則人欲亡；人欲勝，則天理滅，未有天理人欲夾雜者。學者須要於此體認省察之。」（《朱

子語類‧學七》）人欲中，沒有天理，也即是慾望只是純粹的、混沌一片
的動物性。我們讀過佛洛伊德的著作，會知道佛氏也沒有否定本我，慾望
真的如此簡單地可以否定跟我們文化無關嗎？

清代學者戴震倒敢挑戰影響極大的朱熹。他在名著《孟子字義疏證》中說：
「天理人欲，說者多分而言之，謂天理為善，人欲為不善。殊不知天理初
不外乎人欲也，而人欲中固未嘗無天理也。」看得出慾望與天理（文化層
面）的關係真不簡單，戴震可是在 1724 年出生，佛氏則在 1856 年呢！

那麼何謂合宜的欲呢？南宋孝宗時一位理學家吳如愚在《準齋雜說》曾說
過：「使夫人之所欲與天理相違，謂為不善可也；若其所欲與天理相合，
其可以為不善哉！當知人欲之與天理，合之則一而公，公則無不善也；違
之則二而私，私則斯為不善矣。」天理跟人欲成了一個合和不合的關係，
而不是非此即彼的關係。

我這個詮釋不是沒有根據的，戴震說：「無心之欲不能無，有心之欲不可
有。」無心之慾不就是在原我之慾，無意識之慾嗎？那是人的生機，當然
不能無。但當有心時，卻成了奇技淫巧，慾望成了人的牢籠。欲也有理，

而不可一腳將欲踢走，也不可任其自流。

現代人活得不容易，一方面慾望的刺激恐怕在人類歷史上前所未見，另一方面社會規範或者道德要求其實未曾消失。我們要麼道貌岸然，將慾望用消毒劑除去，使自己沒有生趣或者成為偽君子；要麼就讓慾望放縱，不能自拔，損己害人。甚至連慾望都氾濫了，滿足也沒有意思。

欲與理的平衡，恐怕就是生命之車能好好前進的妙方。

39 | 論中庸 | 各打五十大板就是中庸？

有電視遊戲節目主持經常作出不分勝負的結論：「打和啦，Super！」。這種不作判斷、各打五十大板的「和稀泥」態度，往往被認為是「中庸之道」。「做人要中庸，不走極端。」大家都知道，四書有《中庸》一書，在《論語》，孔子也盛讚「中庸」，說：「中庸之為德也，其至矣乎！民鮮久矣。」意思是人們已沒有中庸這種品德很久了。孔子也讚顏回能「得中」：「回之為人也，擇乎中庸，得一善，則拳拳服膺而弗失之矣。」拳拳是指緊握不捨，引伸為懇切；服膺則是銘記心中。謙和地在內心堅守原則，是中庸之道的面貌。

孔子眼中的中庸會是「老好人」所持守的嗎？不會。因為孔子清楚指出「鄉愿，德之賊也。」老好人會敗壞道德。在〈子路篇〉中子貢問孔子：「鄉人皆好之，何如？」子曰：「未可也。」「鄉人皆惡之，何如？」子曰：「未可也。不如鄉人之善者好之，其不善者惡之。」當「老好人」連壞人都讚好的時候，就是沒有原則，左右逢迎而已。

孔子心目中的中庸，其實是在行善和善者的層面上說，是教我們如何培養做好事的心態，而不是在善與惡之間找一個中間點。在《中庸》中仲尼曰：「君子中庸，小人反中庸。君子之中庸也，君子而時中；小人之中庸也，小人而無忌憚也。」

在《論語・子路篇》中有一個很好的說明，子曰：「不得中行而與之，必也狂狷乎！狂者進取，狷者有所不為也。」不要被名字嚇怕，狂者和狷者都不是「壞人」，狂者夠勇，主動追求做好事；狷者則保守，有些事（壞事）不會做，緊守原則。

言下之意，孔子認為狂和狷都不是他心目中的最高理想，「得中」才是王道。中道就是不要像狂者那樣進取，也不要像狷者那樣保守。他只是該進取時進取，該保守時保守。

孔子在《中庸》也有正面界定何謂「中道」。首先，中道是不逞強，不尚勇力。持中道的勇不是血氣之勇，而是一種內在的堅定。子路問強是甚麼。孔子說：「故君子和而不流，強哉矯！中立而不倚，強哉矯！國有道，不變塞焉，強哉矯！國無道，至死不變，強哉矯！」北方的強，是用兵器甲盾當枕席，死都不怕。但南方的強，則是寬容柔和的精神，人家的無禮橫蠻也對這種精神無損，這是孔子心目中的真強。君子中立，不流向一派，更不是隨風擺柳，相反，是在不同境況下都能守住自己的原則。這種君子並不於外在有很大的不同，故能和；但他內心很堅定，故不流。

所以，持中道的人不會有希奇古怪的行為，他們只是遵道而行，不是為了
讓別人看見。子曰：「素隱行怪，後世有述焉，吾弗為之矣。君子遵道而
行，半途而廢，吾弗能已矣。君子依乎中庸，遯世不見知而不悔，唯聖者
能之。」蝙蝠俠雖然背負「俠」之名，但眾所周知，他是其敵人小丑的另
一面，兩者都是行事彆扭，做好事或壞事都是要讓世人看見。這就不是持
中道，而是浮誇。「誇張只因我很怕」，持中庸之道的，內心則很平安。

說到這裏，會覺得中庸並不吸引眼球，甚至有點沉悶。在孔子眼中，中庸
的妙處就是門檻低，但水平可以很高：「君子之道費而隱。夫婦之愚，可
以與知焉，及其至也，雖聖人亦有所不知焉」、「故君子尊德性而道問學，
致廣大而盡精微，極高明而道中庸。」

中庸之道為何有這麼強的彈性呢？因為中庸之道要在特定情景下展現，
夫婦在家、君子在國家、聖人在宇宙，你的情景如何，你的中庸之道也如
何。孔子稱之為「素其位」：「君子素其位而行，不願乎其外。素富貴，
行乎富貴；素貧賤，行乎貧賤；素夷狄，行乎夷狄；素患難，行乎患難：
君子無入而不自得焉。在上位不陵下，在下位不援上，正己而不求於人，
則無怨。上不怨天，下不尤人。故君子居易以俟命，小人行險以徼幸。」

你在甚麼情景，就好好地以自己心中的原則去面對它，富貴也好，貧賤也好，都能無入而不自得。這令人想起顏回「一簞食，一瓢飲，在陋巷，人不堪其憂，回也不改其樂。」但如你生於富貴之家，為了成為顏回而弄窮自己，孔子恐怕就會反對，說你不素其位了。在他眼中，富人也有其原則。在〈學而篇〉中，子貢說：「貧而無諂，富而無驕，何如？」子曰：「可也。未若貧而樂，富而好禮者也。」

孔子不鼓勵人離開自己的「位」，當然是因為他身處的歷史背景，君君臣臣父父子子。每一個「位」都有其持守，不會「一時一樣」，這些說法當然也有穩定社會的作用，但「素其位」的具體內容是甚麼，其實不大清楚。而且，這樣推展下去，我們可否說素罪惡，行乎罪惡呢？在不正不公的環境中，君子依中道其實應如何自處呢？

最後，把中庸譯為"Doctrine of the Mean"，很容易令人將他和西哲亞里士多德的看法比擬。亞氏認為德性是合宜的，所以勇氣的極端，則是蠻幹，反之則是懦弱，唯勇氣則在兩者之間。孔子的中庸，似乎不是這個意思，中庸是內心的一種韌度，容讓一個人在不同環境、不同位置都不會走向極端。其實極端的意思很可能只是「不安於位」，而非與德性有關的問題。

下一次，如果有人勸你「中庸」一點，也許你要有勇氣問：究竟那是甚麼意思？

40 | 論利己 人不為己，天誅地滅？

「人不為己，天誅地滅。」可算是電視劇最常聽到的一句對白（最厲害的始終是「你餓，我煮個麵你食」）。實際上這句說話出自何處？有說來自〈佛說十善業道經〉，但我找不到有這一句。有說為己是「為己之學」，以替這句話辯護。孔子曾說：「古之學者為己，今之學者為人。」（《論語・憲問》），但沒有證據證明這話出自儒家。

我們先放下出處的問題，想想自利的道德問題。中國也有自利的哲學理論，楊朱是利己哲學的人物，被孟子評得一文不值，認為他是「一毛不拔」。孟子曰：「楊子取為我，拔一毛而利天下，不為也。墨子兼愛，摩頂放踵利天下，為之。」在孟子眼中，當時的學說要麼像楊子徹底自利，即使對天下有利而代價是拔一毛，也不會利他；要麼像墨子那樣，為了天下可以從頭頂到腳跟都受損傷。在孟子眼中，兩人都是「禽獸」。罵人的話我們特別記得：「天下之言，不歸楊，則歸墨。楊氏為我，是無君也；墨氏兼愛，是無父也。無父無君，是禽獸也。」

楊朱是否如孟子那樣一文不值？很難說。我們連楊朱是誰也不清楚，他生平不可考，只是在《孟子》、《列子》和《呂氏春秋》等著作能一睹楊朱的思想。若我們仔細閱讀《列子》楊朱篇，我們或有新體會。不過，不少

學者都視《列子》這本道家經典為偽書。

楊朱說的其實是貴生，而不是自利（即只為自己利益着想），貴生的思想影響了道家思想。楊朱說：「伯成子高不肯用一根毫毛利及他人，拋棄國家，隱居種田。大禹不願意以自己的身體為自身謀利，結果勞累成疾。古時候的人要損害一根毫毛去為天下謀利益，他也不肯給；把天下的財物都用來奉養自己的身體，他也不願要。人人都不損害自己的一根毫毛，人人都不為天下人謀利益，天下太平。」楊朱不是沒有理由地勸大家「不損一毫」，也不是冷酷無情。他是說「利天下」乃不利天下，只有人人「不損一毫」，即貴體，天下才會治。

這個說法違反了我們的常識，為何我們不欲利天下，反會利天下呢？因為在楊朱眼中，利天下的心才是亂天下的癥結。墨子的弟子禽子曾問楊朱說：「取你身上一根汗毛以救濟天下，你幹嗎？」楊子不答假設性問題，說：「天下本來不是一根汗毛所能救濟的。」禽子說：「假使能救濟的話，幹嗎？」楊朱其實沒有說「一毛不拔」，因為楊子沒有答他。

禽子窮追不捨，問楊子的弟子孟孫陽。孟孫陽反問：「有人侵犯你的肌肉皮膚便可得到一萬金，你幹嗎？」現代問法可能是「打跛你對腳但呢世都唔使憂，OK 嗎？」禽子就很 OK。孟孫陽再問：「有人砍斷你的一節身體便可得到一個國家，你幹嗎？」禽子默而不答。

孟孫陽還擊了，他提出一個論證：

前提一：一節身體有價值

前提二：一節身體由肌膚組成

<u>前提三：毛組成肌膚</u>

結論：毛也有價值

不過，這推論難以成立。首先，損害一根毛跟損害肌膚和一節身體，有程度上的分別，甚至有質的不同。此外，價值能否這樣傳遞，也很成疑問。舉一個例，香港很有價值，我是香港的一部分，是否就推出我也很有價值？未必吧。而且孟孫陽說的不是事實，一節身體並不只由肌膚組成，還有器官和神經的配合。

他要說的道理仍可以理解。珍惜自己的一根毛，是一種貴身的象徵。身體比財利和權位更有價值，所以，要澄清的是，貴身不一定等於我們平時理解的自利，即等於個人慾望的滿足，甚至縱慾。當然，如果脫離亂世中人們奮不顧「身」爭權奪利的脈絡，我們很難理解為何身體有這麼高的重要性，足以凌駕其他東西。

另外身體也可能是界定「我是誰」的一個最便捷方法！

在西方哲學傳統裏，真正自利的問題其實只有我們的個人利益滿足才合乎理性。英哲休謨指出我們的感受才是我們行動的指導，他有一句名言：「就算我們選擇給我的手指搔癢，而不選擇讓世界不被毀滅，這也不違反理性。」「我的」感受才是「我的」行為的指導，但何謂「我的」感受？就是我身體以內產生的感受，這種看法又把身體拉回來界定「我是誰」！

我們也可以做一個思想實驗，看看「我」到底在哪裏。假設我要接受一個手術，要將腦部切除移植到另一個人身上去。直覺上，「我」仍然存在，因為「我」的大腦可以控制另一個人的身體，還可以保留記憶。

另一個手術是我將大腦的記憶複製備份。但不好意思，醫生將原有的大腦弄壞了，幸好「複製腦」仍在。問題是，「我」還在嗎？

如果你說在，大概是因為你認為記憶或者心理狀態才是界定一個「我」當中最重要的。但是，如果「我」只是記憶或者心理狀態，「我」豈不是可以大量複製？有這麼多個我，「我」就不是我了。在電影《潛行凶間》上映之後，大家都能理解人類心理狀態和記憶的不可靠與不穩定。

如果你說不在，你就是用了自己的大腦來界定「我」。手手腳腳可換，大腦不能換，因為它是身體最重要的部分。無論如何，「我」就是我的身體，我就是我的腦。

話說回來，如果我們的「我」不限於身體，「自利」就不是那麼容易批評。我為了我的家庭利益着想，我為了我的國家着想，理由是因為家庭和國家都是我的一部分，那也未嘗不可。精神上的「己」比身體上的「己」有彈

性，儒家說的「感通」就無邊無界，由我可通至一鄉、一國、自然、星辰和宇宙。人就是有身體和精神 / 靈魂，那個「我」就不易界定。但那個是不是「我」，還是幻想出來的感覺良好，就很難說了！楊朱以身體為「我」的邊界，也不是沒有他們的道理，不見得是甚麼「禽獸」。